Livres sur le message de 1888

2

La Voie Consacrée À La Perfection Chrétienne

Édition Originale

Alonzo T. Jones

LS Company

ISBN: 978-1-0882-1408-4

Copyright©2023

Contenu

Introduction 5

Chapitre 1—Un Tel Souverain Sacrificateur..9

Chapitre 2—Christ En Tant Que Dieu..12

Chapitre 3—Christ En Tant Qu'homme...15

Chapitre 4—Comment Jésus « Participa » 18

Chapitre 5—« Sous La Loi » 22

Chapitre 6—« Né D'une Femme » 26

Chapitre 7—La Loi De L'hérédité..32

Chapitre 8—Semblable En Toutes Choses 36

Chapitre 9—Autres Qualifications De Notre Souverain Sacrificateur.......................41

Chapitre 10—Le Point Capital 45

Chapitre 11—« Et J'habiterai Au Milieu D'eux »..49

Chapitre 12—La Perfection 57

Chapitre 13—La Transgression Et L'abomination De La Désolation........................63

Chapitre 14—Quand le mystère de Dieu s'accomplira 73

Chapitre 15—La Purification Du Sanctuaire 78

Chapitre 16—Les Temps De Rafraîchissement 82

Conclusion 86

Introduction

Dans la révélation de Christ le Sauveur, il nous est dit qu'Il doit apparaître dans les trois fonctions différentes de : prophète, prêtre et roi.

À l'époque de Moïse, il fut écrit de Christ prophète : « Je leur susciterai du milieu de leurs frères un prophète comme toi, je mettrai mes paroles dans sa bouche, et il leur dira tout ce que je lui commanderai. Et si quelqu'un n'écoute pas mes paroles qu'il dira en mon nom, c'est moi qui lui en demanderai compte. » (Deutéronome 18:18-19). Cette même pensée se retrouve dans toutes les Écritures, jusqu'à Sa venue.

En tant que prêtre, il fut écrit de Lui, aux jours de David : « L'Éternel l'a juré, et il ne s'en repentira point : Tu es sacrificateur pour toujours, à la manière de Melchisédek. » (Psaume 110:4). Cette même pensée se retrouve aussi dans toutes les Écritures, non seulement jusqu'à Sa venue mais après celle-ci.

Et de Christ roi, il fut écrit, au temps de David : « C'est moi qui ai oint mon Roi sur Sion, ma montagne sainte! » (Psaume 2:6). Et cette notion se perpétue aussi dans les Écritures, avant et après Sa venue, et jusqu'à la fin du saint Livre.

Ainsi, les Écritures présentent clairement Christ dans Sa triple fonction de : prophète, prêtre et roi.

Cette triple vérité est généralement reconnue par tous ceux qui sont familiarisés avec les Écritures, mais en relation avec elle, il y a une vérité qui n'est pas aussi bien connue : c'est que Christ n'exerce pas ses trois fonctions en même temps; ces trois fonctions sont successives. Il fut d'abord prophète, puis prêtre et enfin roi.

Il fut « prophète » quand il vint dans le monde, en tant que Maître envoyé par Dieu, « la Parole faite chair et habitant parmi nous, pleine de grâce et de vérité » (Actes 3:19-23). Mais à ce moment-là, Il n'était pas prêtre et ne le serait jamais devenu s'Il était resté sur la terre, vu qu'il est écrit : « S'il était sur la terre, il ne serait pas même sacrificateur » (Hébreux 8:4). Mais ayant achevé son oeuvre prophétique sur la terre, et étant monté au ciel, à la droite du trône de Dieu, Il est là maintenant, pour toujours notre grand prêtre, lequel « étant toujours vivant pour intercéder en leur faveur [pour nous] », et nous lisons : « Il bâtira le temple de l'Éternel; il portera les insignes de la majesté; il s'assiéra et dominera sur son trône, il sera sacrificateur sur son trône, et une parfaite union régnera entre l'un et l'autre. » (Zacharie 6:12, 13).

De la même façon qu'Il ne fut pas prêtre quand Il était prophète sur terre, ainsi, maintenant, Il n'est pas roi et prêtre en même temps. Il est vrai qu'il règne, dans le sens et par le fait qu'Il est assis sur le trône de son Père, étant ainsi prêtre royal et roi prêtre selon l'ordre de Melchisédek qui, quoique prêtre du Dieu Très-Haut, fut aussi roi de Salem, c'est-à-dire roi de paix (Hébreux 7:1, 2). Mais ici, il n'est pas question de fonction royale et de trône tels que les considèrent la prophétie et la promesse, quand elles font mention de sa fonction particulière de roi.

La fonction spécifique de roi à laquelle la promesse et la prophétie se réfèrent, est qu'Il régnera « sur le trône de David, son Père », perpétuant le royaume de Dieu sur terre. Cette fonction royale est la restauration de la perpétuité du diadème, de la couronne et du trône de David, en Christ. Le diadème, la couronne et le trône de David furent interrompus quand, à cause de la profanation et de la méchanceté du roi et du peuple de Juda et d'Israël, ils furent emmenés en captivité à Babylone, moment où il fut écrit : « Et toi, profane, méchant, prince d'Israël, dont le jour arrive au temps où l'iniquité sera à son terme! ainsi parle le Seigneur, l'Éternel : La tiare sera ôtée, le diadème sera enlevé. Les choses vont changer. Ce qui est abaissé sera élevé, et ce qui est élevé sera abaissé. » (Ezéchiel 21:30-31). « J'en ferai une ruine, une ruine, une ruine. Mais cela n'aura lieu qu'à la venue de celui à qui appartient le jugement et à qui je le remettrai. » (Ezéchiel 21:32).

Ainsi donc, et à ce moment-là, le trône, le diadème, la couronne et le royaume de David étaient intermittents « jusqu'à la venue de celui à qui appartient le jugement et à qui je le remettrai. » Et celui à qui appartient le jugement n'est autre que le Christ, le « Fils de David ». Et cette « venue » n'est pas sa première venue, dans Son humiliation, comme « homme de douleur et habitué à la souffrance », mais Sa seconde venue lorsqu'Il viendra dans Sa gloire comme « Roi des rois et Seigneur des seigneurs », quand Son royaume brisera et consumera tous les royaumes terrestres, occupera la terre dans sa totalité et durera pour toujours.

Il est vrai que lorsque le bébé de Bethléhem naquit dans le monde, Il naquit comme Roi et le fut toujours, en toute justice. Mais il est également vrai que cette fonction royale -- avec le diadème, la couronne et le trône de la prophétie et de la promesse -- Il ne l'a remplie, ni à ce moment-là, ni maintenant, et ne le fera qu'à Son retour. Alors, Il prendra lui-même le pouvoir sur cette terre et régnera pleinement et véritablement dans toute la splendeur de Sa fonction royale et glorieuse. Car il est dit dans les Écritures qu'après « que les trônes furent placés », « les livres furent ouverts » et « quelqu'un semblable à un Fils de l'homme s'avança vers l'Ancien des jours ». Et là, Il reçut la domination, la gloire et le royaume; « et tous les peuples, les nations et les hommes de toutes les langues le servirent. Sa domination est une domination éternelle qui ne passera point et Son règne ne sera jamais détruit. » (Daniel 7:13, 14). C'est alors qu'Il possédera vraiment « le trône de David son Père. Il régnera sur la maison de Jacob éternellement et son règne n'aura point de fin. » (Luc 1:32-33).

Il est donc évident, par l'étude des Écritures, des promesses et des prophéties concernant ces trois fonctions de prophète, prêtre et roi, que ce sont des fonctions successives et que Christ n'en assuma pas même deux en même temps. Il fut premièrement prophète; Il est actuellement prêtre, et Il sera roi à Son retour. Il acheva Son oeuvre de prophète avant de devenir prêtre, et Il terminera cette oeuvre de prêtre avant de devenir roi.

Il doit recevoir toute notre considération pour ce qu'Il fut, ce qu'Il est et ce qu'Il sera.

Ceci veut dire que lorsqu'Il fut sur la terre comme prophète, le peuple devait Le considérer comme tel en rapport avec cette période, et c'est ainsi que nous devons maintenant Le considérer. À cette époque, le peuple ne pouvait pas le considérer comme prêtre; nous ne devons pas non plus le faire en rapport avec ce temps-là; car lorsqu'Il était sur la terre, Il n'était pas prêtre. Mais quand cette période prit fin, Il devint prêtre. C'est ce qu'il est maintenant. Et Il est tout aussi sûrement prêtre actuellement, qu'Il fut prophète alors qu'Il était sur la terre. Et dans Sa fonction et Son oeuvre de prêtre, nous devons Le considérer comme tel, aussi véritablement, consciencieusement et constamment qu'ils [ses contemporains] devaient et que nous aussi devons Le regarder comme prophète tandis qu'Il était sur la terre.

Et quand il reviendra dans Sa gloire, dans la majesté de Son royaume, sur le trône de Son père David, alors nous Le considérerons comme roi, ce qu'Il sera vraiment. Nous ne pouvons pas encore Le considérer véritablement dans Sa fonction royale, tel qu'Il sera. Nous ne pouvons Le considérer que comme Il est maintenant.

En tant que roi, nous ne pouvons aujourd'hui Le contempler que comme celui qu'Il deviendra. Dans Sa fonction de prophète, nous pouvons Le considérer tel qu'Il a été. Mais dans Son sacerdoce nous devons maintenant Le considérer comme étant présentement en fonction. C'est Sa seule fonction actuelle; et c'est précisément dans cette fonction, et non dans une autre, que nous pouvons considérer Son oeuvre et Sa personne.

Non seulement ces trois fonctions de prophète, prêtre et roi sont successives, mais en plus, elles le sont dans un but précis et dans l'ordre qui a été donné. Sa fonction de prophète était préparatoire et essentielle à Sa fonction de prêtre; et Ses fonctions de prophète et de prêtre sont, dans cet ordre, préparatoires à Sa fonction de roi. Pour nous, il est essentiel que nous le considérions dans Ses fonctions dans l'ordre donné.

Nous devons d'abord Le considérer dans Sa fonction de prophète, non seulement afin de pouvoir apprendre de Celui qui a parlé comme jamais personne ne le fit, mais aussi parce que nous comprendrons mieux par la suite Sa fonction de prêtre.

Et nous devons Le considérer dans Sa fonction de prêtre, non seulement pour que nous puissions recevoir le bénéfice infini de Son sacerdoce, mais aussi afin d'être préparés pour ce que nous devons être. Car il est écrit : « Ils seront sacrificateurs de Dieu et de Christ et ils régneront avec Lui pendant mille ans. » (Apocalypse 20:6).

L'ayant considéré dans Sa fonction de prophète, préparatoire à celle de prêtre, nous Le regardons comme prêtre afin d'être capables d'apprécier Sa fonction de roi, afin que nous soyons et régnions avec Lui. Car il est écrit à notre sujet : « Mais les saints du Très-Haut recevront le royaume et ils le posséderont éternellement, d'éternité en éternité » et « ils régneront aux siècles des siècles » (Daniel 7:18; Apocalypse 22:5).

Sa fonction présente étant sacerdotale, et ceci ayant été Sa fonction et Son oeuvre depuis Son ascension au ciel, l'étude de Christ dans Son sacerdoce est l'étude primordiale pour tous les chrétiens, et elle devrait certainement l'être aussi pour tous les autres.

Chapitre 1—Un Tel Souverain Sacrificateur

« Le point capital de ce qui vient d'être dit, c'est que nous avons un tel souverain sacrificateur, qui est assis à la droite du trône de la majesté divine dans les cieux, comme ministre du sanctuaire et du véritable tabernacle, qui a été dressé par le Seigneur et non par un homme. » (Hébreux 8:1, 2).

Ceci est le « résumé » de l'évidence du grand sacerdoce de Christ présenté dans les sept premiers chapitres de l'épître aux Hébreux. Le « résumé » présenté ici n'est pas au sens propre du mot que nous avons un souverain sacrificateur, mais que nous avons « un tel souverain sacrificateur ». « Tel » signifie « un sacrificateur de ce genre », d'un genre éminent au plus haut degré -- le même qui a été mentionné et spécifié précédemment, pas un autre ou un différent.

C'est-à-dire, que dans la partie qui précède -- les sept premiers chapitres de l'épître aux Hébreux- certaines choses doivent avoir été spécifiées concernant Christ en tant que souverain sacrificateur, certaines qualifications qui lui permirent de remplir ce rôle, certains attributs dignes de lui en tant que tel et qui sont résumés dans ce texte : « Maintenant, après ce qui vient d'être dit, nous avons un tel souverain sacrificateur. »

Pour avoir une claire compréhension de ce passage, pour capter la vraie portée et l'implication d'avoir « un tel souverain sacrificateur » il est donc nécessaire d'examiner la partie précédente de l'épître. La totalité du septième chapitre est consacrée à l'examen de ce sacerdoce. Le sixième chapitre se termine avec la pensée de ce sacerdoce et le cinquième est consacré à la même chose. Le quatrième chapitre est la continuation du troisième, qui commence par l'exhortation : « Considérez l'apôtre et le souverain sacrificateur de la foi que nous professons, Jésus ». Et ceci est la conclusion de ce qui avait été dit précédemment. Le deuxième chapitre se termine avec l'idée que Christ : « fut un souverain sacrificateur miséricordieux et fidèle », ceci en conclusion de ce qui a déjà été présenté. Le premier et le deuxième chapitres traitent du même sujet.

Cette brève esquisse suffit à démontrer que la grande pensée globale des sept premiers chapitres de l'épître aux Hébreux, est le sacerdoce de Christ et que les vérités présentées, quelle que soit leur forme sont tout simplement des variations de cette grande vérité de son sacerdoce résumées dans ces mots : « Nous avons un tel souverain sacrificateur. »

En conséquence, pour découvrir la véritable importance et la signification de cette expression « un tel souverain sacrificateur », il est nécessaire de commencer depuis le début, par les premiers mots du livre aux Hébreux, et en maintenant l'idée d'un bout à l'autre que le fil conducteur présenté ici, c'est « un tel souverain sacrificateur » ; tout ce qui est dit, est énoncé dans le seul grand but de montrer à tout homme que « nous avons un tel souverain sacrificateur ». Pour si riches et si complètes que soient les vérités en elles-mêmes, concernant Christ, contenues dans ces chapitres successifs, il faut constamment garder en mémoire qu'elles sont toutes exprimées dans le seul but de faire ressortir que « nous avons un tel souverain sacrificateur ». En étudiant ces vérités telles qu'elles sont présentées dans l'épître, n'oublions pas qu'elles sont subordonnées et tributaires de la grande vérité centrale qui en est aussi le résumé : « nous avons un tel souverain sacrificateur ».

Dans Hébreux deux, en conclusion des arguments présentés ici, il est dit : « il a dû être rendu semblable en toutes choses à ses frères, afin qu'il fût un souverain sacrificateur miséricordieux et fidèle dans le service de Dieu... » Ici, il est dit que l'abaissement de Christ, sa ressemblance avec l'homme, ayant été fait chair et habitant parmi les hommes, furent nécessaires « afin qu'il fût un souverain sacrificateur miséricordieux et fidèle ». Mais pour apprécier la grandeur de Son abaissement et le sens réel de Sa situation dans la chair, en tant qu'homme et Fils de l'homme, il est nécessaire de savoir ce qu'était auparavant Sa grandeur en tant que Dieu et Fils de Dieu, et ceci est le sujet du premier chapitre.

L'abaissement de Christ, Sa position et Sa nature, tel qu'Il fut dans la chair et dans le monde, se trouvent expliquées dans le deuxième chapitre des Hébreux plus complètement que nulle part ailleurs dans les Écritures. Mais ceci se trouve au deuxième chapitre. Et il nous faut d'abord comprendre le premier chapitre avant de passer au second pour en suivre la pensée et l'argumentation.

Dans le premier chapitre des Hébreux, la position, la grandeur et la nature de Christ, tel qu'il était au ciel avant sa venue sur la terre, se trouvent décrites mieux que partout ailleurs. Cela démontre qu'une claire compréhension de Sa nature et de Sa position, tel qu'il fut au ciel, est essentielle pour comprendre Sa position et Sa nature, tel qu'il fut sur terre. Et puisqu'il Lui appartint d'être ce qu'Il a été sur la terre afin de devenir un sacrificateur miséricordieux et fidèle, il est capital de Le connaître tel qu'Il était dans le ciel. Cette position, précédant celle qu'Il occupa sur la terre, est donc une partie essentielle de l'évidence résumée dans l'expression : « nous avons un tel souverain sacrificateur ».

Chapitre 2—Christ En Tant Que Dieu

Quelle est donc la pensée centrale du premier chapitre des Hébreux concernant Christ ?

Tout d'abord, Dieu -- le Père -- est présenté comme l'interlocuteur des hommes qui, « après avoir autrefois,... parlé à nos pères par les prophètes, ... nous a parlé par le Fils ».

C'est ainsi que Christ, le Fils de Dieu, nous est présenté. Ensuite, on nous dit du Fils et du Père : « qu'il [le Père] a établi héritier de toutes choses, par lequel il [le Père, par le moyen du Fils] a aussi créé le monde ». Ainsi, en introduction à l'étude de Christ comme souverain sacrificateur, il nous est présenté comme étant avec Dieu le créateur et le Verbe ou la Parole active et vivifiante dans la création : « par lequel il a aussi créé le monde ».

Concernant le Fils de Dieu lui-même, nous lisons : lequel « étant le reflet de sa gloire et l'empreinte de sa personne (Dieu le Père), et soutenant toutes choses par sa Parole puissante, a fait la purification des péchés et s'est assis à la droite de la majesté divine dans les lieux très hauts. »

Ceci nous apprend que dans les cieux, la nature de Christ était la nature de Dieu; que dans Sa personne et dans Sa substance, Il est l'impression et le caractère mêmes de Dieu. Ceci veut dire, que dans le ciel, avant qu'Il ne vienne sur cette terre, Christ était de la même nature et de la même substance que Dieu.

C'est pourquoi, il est dit de Lui : Il est « devenu d'autant supérieur aux anges qu'il a hérité un nom plus excellent que le leur ». Ce nom « plus excellent » est le nom de Dieu qui est donné par le Père à son Fils, au huitième verset : « Au Fils, il dit : Ton trône, ô Dieu, est éternel. »

Ainsi, il est « plus excellent que les anges », comme Dieu l'est en comparaison avec eux. Et c'est à cause de cela qu'il possède un nom plus excellent, qui exprime ce qu'il est dans Sa nature profonde. Et ce nom, il l'a par héritage ; ce n'est pas un nom qui Lui fut donné, mais un nom qu'Il a hérité.

Il est dans la nature des choses, et c'est une vérité éternelle, que le seul nom possible qu'une personne puisse hériter est le nom de son père. Ce nom de Christ qui est plus excellent que celui des anges, est le nom de Son Père. Or, le nom de son Père est Dieu. Le nom qu'il a par héritage est donc aussi Dieu. Et ce nom est le sien car il est « plus excellent » que celui des anges. Ce nom étant Dieu est « plus excellent » que celui des anges car Dieu est meilleur que les anges.

Sa position et Sa nature, meilleures que celles des anges, sont d'autant plus excellentes : « Car auquel des anges a-t-il jamais dit : Tu es mon Fils, je t'ai engendré aujourd'hui? » Et encore : « Je serai pour lui un Père et il sera pour moi un Fils. » Ceci confirme la pensée du « nom excellent » mentionnée plus haut. Car, étant le Fils de Dieu -- et Dieu étant son Père -- Il a obtenu par héritage le nom de Son Père qui est « Dieu » et qui est d'autant plus excellent que le nom des anges, dans la mesure où Dieu l'est plus qu'eux.

La même pensée est confirmée dans les paroles qui suivent : « Et lorsqu'il introduit de nouveau dans le monde le premier-né, il dit : Que tous les anges de Dieu l'adorent. » Il est tellement meilleur que les anges qu'il est adoré par eux, et ceci en accord avec la volonté de Dieu, car il est Dieu dans Sa nature.

La pensée de ce puissant contraste entre Christ et les anges s'affermit encore davantage : « De plus, il dit des anges : Celui qui fait de ses anges des vents, et de ses serviteurs une flamme de feu. Mais il a dit au Fils : Ton trône, ô Dieu, est éternel. »

Il continue : « le sceptre de ton règne est un sceptre d'équité ; Tu as aimé la justice et tu as haï l'iniquité ; c'est pourquoi, ô Dieu, ton Dieu t'a oint d'une huile de joie au-dessus de tes égaux. »

Le Père dit en parlant du Fils : « Toi, Seigneur, tu as au commencement fondé la terre, et les cieux sont l'ouvrage de tes mains; ils périront, mais tu subsistes; ils vieilliront tous comme un vêtement, tu les rouleras comme un manteau et ils seront changés; mais toi, tu restes le même, et tes années ne finiront point ».

Remarquez les contrastes et découvrez la nature de Christ. Les cieux périront, mais lui subsiste. Les cieux vieilliront, mais ses années ne finiront point. Les cieux seront changés, mais lui reste le même. Ceci démontre qu'il est Dieu : de la nature de Dieu.

Ce contraste entre Christ et les anges est encore plus frappant : « Et auquel des anges a-t-il jamais dit : « Assieds-toi à ma droite, jusqu'à ce que je fasse de tes ennemis ton marchepied? Ne sont-ils pas tous des esprits au service de Dieu, envoyés pour exercer un ministère en faveur de ceux qui doivent hériter du salut? ».

Ainsi, dans le premier chapitre des Hébreux, Christ est exalté au-dessus des anges, comme Dieu. Et il est beaucoup plus exalté que les anges, comme Dieu, pour la raison qu'il est « Dieu ».

Dans ce chapitre, il est montré comme ayant hérité du nom de Dieu parce qu'il est de la nature de Dieu. Et sa nature est si complètement celle de Dieu, qu'il est la véritable empreinte et substance de Dieu.

Tel est Christ le Sauveur, Esprit de l'Esprit, substance de la substance de Dieu.

Ceci est essentiel pour comprendre le chapitre deux où sera révélée sa nature en tant qu'homme.

Chapitre 3—Christ En Tant Qu'homme

L'identité de Christ avec Dieu, telle qu'elle nous est présentée au premier chapitre des Hébreux, n'est qu'une introduction qui a pour objet d'établir son identité avec l'homme, telle qu'elle nous est démontrée dans le deuxième chapitre.

Sa ressemblance avec Dieu, exprimée dans le premier chapitre des Hébreux, est l'unique base d'une vraie compréhension de Sa ressemblance avec l'homme, du second chapitre.

Et cette ressemblance avec Dieu n'existe pas dans le sens d'une simple image ou représentation, mais c'est une ressemblance dans le sens d'être réellement comme Lui, de la même nature, « l'empreinte de sa personne », l'Esprit de l'Esprit, la substance de la substance de Dieu.

Tout ce qui précède doit nous aider à saisir Sa ressemblance avec l'homme. C'est-à-dire : à partir de cela nous devons comprendre que Sa ressemblance avec l'homme ne l'est pas simplement dans la forme, l'apparence ou la représentation, mais dans Sa nature, dans Sa substance. S'il n'en était pas ainsi, tout le premier chapitre des Hébreux, avec son information détaillée, n'aurait aucun sens et serait déplacé.

Quelle est donc cette vérité : Jésus semblable aux hommes, selon le chapitre deux des Hébreux?

En gardant à l'esprit la pensée centrale du premier chapitre et des quatre premiers versets du second, ceux qui se réfèrent à Christ en contraste avec les anges : plus exalté qu'eux, comme Dieu lui-même lisons le verset 5 du deuxième chapitre, là où commence le contraste de Christ avec les anges : abaissé au-dessous des anges, comme l'homme.

Ainsi, nous lisons : « En effet, ce n'est pas à des anges que Dieu a soumis le monde à venir dont nous parlons. Or, quelqu'un a rendu quelque part ce témoignage : Qu'est-ce que l'homme, pour que tu te souviennes de lui, ou le fils de l'homme, pour que tu prennes soin de lui ? Tu l'a abaissé pour un peu de temps au-dessous des anges, tu l'as couronné de gloire et d'honneur, tu as mis toutes choses sous ses pieds. En effet, en lui soumettant toutes choses, Dieu n'a rien laissé qui ne lui fût soumis. Cependant, nous ne voyons pas encore maintenant que toutes choses lui soient soumises. » Mais voyons Jésus.

Ceci équivaut à dire que : Dieu n'a pas soumis le monde à venir aux anges, mais il l'a soumis à l'homme, non pas toutefois l'homme tel qu'il était à l'origine, car bien qu'au départ, le monde fût soumis à l'homme, nous voyons qu'il n'en est pas ainsi maintenant. L'homme perdit sa domination, et au lieu d'avoir toutes les choses soumises sous ses pieds, lui-même est maintenant soumis à la mort. Et il est soumis à la mort pour l'unique raison qu'il est assujetti au péché; car « par un seul homme, le péché est entré dans le monde, et par le péché la mort, et qu'ainsi, la mort s'est étendue sur tous les hommes, parce que tous ont péché... » (Romains 5:12). Il est soumis à la mort parce qu'il est assujetti au péché, car la mort n'est rien d'autre que le salaire du péché.

Néanmoins, il reste éternellement vrai que ce n'est pas à des anges qu'il soumit le monde à venir, mais à l'homme. Et JÉSUS-CHRIST est l'HOMME.

Car, bien que cette domination ait été donnée à l'homme et que, « nous ne voyons pas encore maintenant que toutes choses lui soient soumises » ; bien que l'homme ait reçu la domination sur tout, et que maintenant nous constatons que cette domination est perdue par cet homme, nous devons encore « voir » ce Jésus, homme, venir reconquérir cette domination originelle. Nous devons voir Jésus, en tant qu'homme, mettre « toutes choses sous ses pieds ».

Cet homme était le premier Adam; cet autre Homme est le second Adam. Le premier Adam fut créé un peu au-dessous des anges; le second Adam, Jésus, fut « abaissé... au-dessous des anges ».

Le premier Adam ne resta pas dans la position où il fut fait « au-dessous des anges ». Il perdit cela et descendit encore plus bas, il fut assujetti au péché; ainsi, il fut soumis à la souffrance et même jusqu'à la souffrance de la mort.

Et, le second Adam, nous le voyons dans la même position, dans la même condition : « Celui qui a été abaissé... au-dessous des anges, Jésus. » Et « celui qui sanctifie et ceux qui sont sanctifiés sont tous issus d'UN SEUL ».

Celui qui sanctifie, c'est Jésus. Ceux qui sont sanctifiés sont les hommes de toutes nations, langues, royaumes et peuples. Et un homme, sanctifié de n'importe quelle nation, langue, royaume ou peuple, est une démonstration divine que chaque âme de cette nation, langue, royaume ou peuple peut être sanctifiée. Et Jésus étant devenu l'un d'eux, pour qu'il puisse les conduire tous à la gloire démontre qu'il fait entièrement partie de l'humanité ; que lui, en tant qu'homme et les hommes eux-mêmes sont « issus d'un seul ; c'est pourquoi il n'a pas honte de les appeler frères. »

En conséquence, de même que dans le ciel, il fut plus exalté que les anges et fut « comme Dieu », ainsi sur la terre, il fut inférieur aux anges, en tant qu'homme. De la même façon, que quand il fut plus exalté que les anges, comme Dieu, lui et Dieu furent un, sur la terre; ainsi aussi, quand il fut abaissé au-dessous des anges, comme homme, l'homme et lui furent un. C'est-à-dire que tout aussi certainement qu'en ce qui concerne Dieu, lui et Dieu sont un même Esprit, une même nature et une même substance, ainsi, en ce qui concerne l'homme, Christ et l'homme ne sont qu'un en chair, en nature et en substance.

La ressemblance de Christ avec Dieu, et la ressemblance de Christ avec l'homme, le sont aussi bien dans la forme que dans la substance. Sinon, le premier chapitre de l'épître aux Hébreux n'aurait pas de sens, en tant qu'introduction du second chapitre. Le premier chapitre serait déplacé, sans raison d'être, comme introduction au chapitre suivant.

Chapitre 4—Comment Jésus « Participa »

Le premier chapitre des Hébreux révèle que la ressemblance de Christ avec Dieu n'existait pas simplement dans la forme mais dans la substance; et le second chapitre montre, avec la même clarté, que Sa ressemblance avec l'homme n'est pas seulement dans la forme ou l'aspect extérieur, mais dans sa nature et substance même. Il ressemble aux hommes tels qu'ils sont, exactement. C'est pourquoi Il est écrit : « Au commencement était la Parole, et la Parole était avec Dieu, et la Parole était Dieu... Et la Parole a été faite chair et elle a habité parmi nous. » (Jean 1:1-14).

Et en ce qui se réfère à sa ressemblance avec l'homme, tel qu'il est dans sa nature déchue, pécheresse, et non comme il était à l'origine, sans péché, ceci est confirmé par le fait que Jésus fut « abaissé... au-dessous des anges,... à cause de la mort qu'il a soufferte ». Nous voyons donc que Jésus fut fait, dans sa situation d'homme, tel que l'homme se trouve depuis qu'il est sujet à la mort.

Tout aussi certainement que nous voyons Jésus devenu inférieur aux anges par les souffrances de la mort, il est démontré ainsi qu'il prit la nature de l'homme telle qu'elle fut après avoir connu la mort et non comme elle était avant l'introduction de celle-ci.

Mais la mort ne vint qu'à cause du péché. Si le péché n'était pas venu, la mort non plus n'aurait pas apparu. Et nous voyons que Jésus devint un peu inférieur aux anges par les souffrances de la mort. En conséquence, il a bien pris la nature de l'homme telle qu'elle est depuis que le péché est apparu. Il en fut ainsi pour qu'il pût « goûter la mort pour chaque homme ». C'est en devenant homme qu'il pouvait atteindre l'homme, et venir jusqu'à l'homme là où il se trouve. L'homme est assujetti à la mort. Aussi fallait-il que Jésus fut fait homme, tel qu'il est depuis qu'il est assujetti à la mort.

« Il convenait, en effet, que celui pour qui et par qui sont toutes choses, et qui voulait conduire à la gloire beaucoup de fils, élevât à la perfection par les souffrances le Prince de leur salut. » (Hébreux 2:10). En se faisant homme, il lui convenait de devenir tel que l'homme. L'homme est assujetti à la souffrance et il fallait qu'il le soit aussi.

Avant que l'homme ne péchât, il n'était nullement assujetti à la souffrance. Si Jésus était venu dans la nature humaine tel qu'il était avant l'entrée du péché, cela ne lui aurait pas permis de comprendre les souffrances de l'homme et, en conséquence, il n'aurait pu l'atteindre pour le sauver. Mais, vu qu'il « convenait, en effet, que celui pour qui et par qui sont toutes choses, et qui voulait conduire à la gloire beaucoup de fils, élevât à la perfection par les souffrances le Prince de leur salut », il est clair que Jésus, en devenant homme, partagea la nature de l'homme, telle qu'elle est depuis qu'il est assujetti à la souffrance, et même la souffrance de la mort, qui est le salaire du péché.

Il est écrit : « Ainsi donc, puisque les enfants participent au sang et à la chair, il y a également participé lui-même ». (Hébreux 2:14). Il a dans Sa nature humaine, pris la même chair et le même sang que ceux des hommes. En une seule phrase, nous trouvons tous les mots qui pouvaient être employés pour rendre cette idée évidente et positive.

Les enfants des hommes sont participants du sang et de la chair; c'est pour cette raison qu'il participa aussi au sang et à la chair.

Mais ceci n'est pas tout : il partagea aussi la même chair et le même sang auxquels les enfants participent. C'est-à-dire que, lui-même, participa de la même façon, à la même chair et au même sang que les enfants.

Nous voyons que le Saint-Esprit désire tellement que cette vérité devienne si évidente et soit comprise par tous, qu'il ne se contente pas d'employer le minimum de mots dans cette révélation, mais au contraire il accumule les expressions pour se faire comprendre. Il est donc dit que tout aussi certainement que les enfants participent au sang et à la chair, lui aussi a pris part au même sang et à la même chair.

Et il le fit « afin que par la mort... il puisse délivrer ceux qui, par peur de la mort, étaient toute leur vie assujettis à l'esclavage ». Il prit part à la même chair et au même sang que nous avons dans l'esclavage du péché et la peur de la mort, afin de pouvoir nous délivrer de cet esclavage et de cette peur.

Ainsi, « Celui qui sanctifie et ceux qui sont sanctifié sont tous issus d'un seul ; c'est pourquoi il n'a pas honte de les appeler frères. »

Cette grande vérité de la parenté, cette fraternité par le sang, de Christ avec les hommes, est enseignée dans l'Évangile dans la Genèse. Car quand Dieu fit son alliance éternelle avec Abraham, les sacrifices furent coupés en deux, et Abraham et Lui, passèrent au milieu

(Genèse 15:8-18; Jérémie 34:18, 19; Hébreux 7:5-9). Par cet acte, le Seigneur entra dans l'alliance la plus solennelle connue en Orient et de tout le genre humain, l'alliance de sang, et Il devint ainsi « frère de sang » d'Abraham, une relation qui dépasse toute autre.

Cette grande vérité de la parenté par le sang, de Christ avec l'homme, est enseignée davantage dans le Lévitique. On y trouve la loi du rachat des hommes et de leur héritage. Quand l'un des enfants d'Israël avait perdu son héritage, ou que lui-même avait été vendu en esclavage, il y avait un moyen de rachat prévu. S'il était capable de se racheter lui-même ou son héritage, il pouvait le faire. Mais s'il n'était pas capable de se racheter lui-même, alors le droit de rachat incombait à son plus proche parent par le sang. Il incombait non seulement à celui qui était proche parmi ses frères, mais à celui qui était le plus proche parent (Lévitique 25:24-28 ; 47-49; Ruth 2:20; 3:9,12, 13; 4:1-14).

Ainsi, déjà dans la Genèse et le Lévitique, on enseigna durant toute cette époque, ce que nous retrouvons ici dans l'épître aux Hébreux : la vérité que l'homme a perdu son héritage et qu'il est lui-même aussi en esclavage. Et vu qu'il ne peut pas se racheter lui-même, ni son héritage, le droit de rachat incombe au plus proche parent qui en est capable. Et Jésus-Christ est le seul dans tout l'univers à en être capable.

Pour être le Rédempteur, il faut non seulement être capable de l'être, mais encore être un parent par le sang ; et être non seulement le plus proche parent, mais le plus proche parent par le sang. Ainsi donc, comme les enfants de l'homme -- les enfant de celui qui perdit son héritage -- sont participants à la chair et au sang, lui aussi prit part à la chair et au sang dans la vrai substance de la nature humaine et devint notre plus proche parent. En conséquence, il est écrit que Lui et nous, nous sommes Un ; c'est pourquoi, Il n'a pas honte de nous appeler frères.

Mais l'Écriture ne s'arrête pas là après avoir énoncé cette vérité capitale. Elle dit encore : « Car assurément, ce n'est pas à des anges qu'il vint en aide, mais à la postérité d'Abraham. En conséquence, il a dû être rendu semblable en toutes choses à ses frères », « ses frères par le sang ». Il devint ainsi la confirmation de l'alliance éternelle.

Et il le fit dans un but: « ayant été tenté lui-même dans ce qu'il a souffert, il peut secourir ceux qui sont tentés », vu qu'il « compatir à nos faiblesses » ayant « été tenté comme nous en toutes choses, sans commettre de péché » (Hébreux 4:15). Ayant été fait, dans sa nature humaine, semblable à nous en toutes choses, il pouvait être tenté en toutes choses comme nous le sommes, et il le fut réellement. La seule manière pour lui d'être « tenté comme nous », c'était de devenir en tous points semblable à nous.

Comme dans Sa nature humaine, Il est Un avec nous, et qu'Il « a prit nos infirmités » (Matthieu 8:17), Il avait la possibilité de compatir à nos infirmités. Étant en toutes choses comme nous, Il pouvait, lorsqu'Il était tenté, sentir exactement ce que nous sentons quand nous le sommes, et ressentir toutes choses comme nous à ce sujet; ainsi, Il peut aider et sauver pleinement ceux qui Le reçoivent. Comme dans Sa chair, Il fut aussi faible que nous le sommes et « ne pouvait rien faire de Lui-même » (Jean 5:30), ainsi quand il porta nos souffrances et se chargea de nos douleurs (Ésaïe 53:4) et fut tenté comme nous le sommes, sentant les choses comme nous les sentons, par Sa foi divine, Il conquit tout par le pouvoir de Dieu que cette foi Lui apporta, et qu'Il nous a apporté dans notre chair.

Il s'ensuit qu'Il a reçu le nom d'Emmanuel « Dieu avec nous », non pas « Dieu avec lui » seulement mais « Dieu avec nous ». Dieu était avec Lui, depuis toujours, et Il l'aurait été encore, s'Il n'était pas donné pour nous. Mais l'homme, à cause du péché, fut privé de la présence de Dieu, et Dieu voulut venir vers nous. Aussi, Jésus devint « nous » afin qu'étant avec Lui, Dieu puisse être aussi avec nous. Tel est Son nom, car c'est ce qu'Il est. Béni soit Son nom!

Telle est la foi de Jésus et Son pouvoir. Il est ainsi notre Sauveur : Un avec Dieu, et Un avec l'homme. En conséquence, Il est capable de sauver pleinement les âmes qui s'approcheront de Dieu par Lui.

Chapitre 5—« Sous La Loi »

« Jésus-Christ, lequel, existant en forme de Dieu... s'est dépouillé Lui-même, en prenant une forme de serviteur, en devenant semblable aux hommes » (Philippiens 2:5-7). Il fut fait semblable aux hommes, comme ils sont, et là où ils sont.

« La Parole fut faite chair ». Il prit part à la même chair et au même sang que ceux auxquels participent les enfants des hommes, dans la condition où ils se trouvent depuis que l'homme est tombé dans le péché. Et ainsi, il est écrit que : « lorsque les temps ont été accomplis, Dieu a envoyé son Fils... né sous la loi ».

Être sous la loi, c'est être coupable, condamné, sujet à la malédiction. Car il est écrit : « Nous savons que tout ce que dit la loi, elle le dit à ceux qui sont sous la loi, afin que tout le monde soit reconnu coupable devant Dieu... car tous ont péché et sont privés de la gloire de Dieu. » (Romains 3:19, 23; 6:14).

La culpabilité du péché apporte la malédiction. Dans Zacharie 5:1-4, le prophète aperçoit « un rouleau qui vole; il a vingt coudées de longueur, et dix coudées de largeur. » Le Seigneur lui dit : « C'est la malédiction qui se répand sur tout le pays. » Et quelle est donc la cause de la malédiction qui se répand sur toute la terre? Celle-ci : « Tout voleur sera chassé d'ici (comme il est dit dans la première table de la loi) et tout parjure (comme il est dit dans la seconde partie du rouleau) sera chassé d'ici. »

Ce rouleau est la loi de Dieu. Un des commandements de chacune des deux tables est cité pour montrer que les deux tables de la loi sont concernées. Toux ceux qui volent -- tous ceux qui transgressent la loi concernant la deuxième table de la loi -- seront chassés en accord avec cette partie de la loi; et ceux qui parjurent -- qui transgressent la première partie de la loi -- seront chassés, en accord avec cette partie de la loi.

Le système céleste d'enregistrement n'a nul besoin de transcrire l'énoncé de chaque péché particulier de chaque homme; il suffit de noter dans le rouleau appartenant à chaque homme, le commandement particulier qui a été transgressé. Et si un tel rouleau accompagne chaque homme là où il va -- ou même s'il reste dans sa maison -- prouve que la malédiction est répandue : « Je la répands, dit l'Éternel des armées, afin qu'elle entre dans la maison du voleur et de celui qui jure faussement en mon nom, afin qu'elle y établisse sa demeure. » (Zacharie 5:4).

À moins qu'un remède ne soit trouvé, ce rouleau de la loi restera jusqu'à ce que la malédiction consume cet homme et sa maison « avec le bois et les pierres », c'est-à-dire jusqu'à ce que la malédiction dévore la terre dans ce grand jour « où les éléments embrasés se dissoudront » dans une chaleur ardente. Car « l'aiguillon de la mort, c'est le péché; et la puissance du péché, c'est la loi » (1 Corinthiens 15:56; Ésaïe 24:5, 6; 2 Pierre 3:10-12).

Mais, rendons grâces à Dieu : « Dieu a envoyé son Fils, né d'une femme, né sous la loi, afin qu'il rachetât ceux qui étaient sous la loi.» (Galates 4:4, 5). Par sa venue, il apporta la rédemption à chaque âme qui se trouve sous la loi. Afin d'apporter aux hommes une parfaite rédemption sous la loi, Il dut venir lui-même vers les hommes, exactement là où ils sont et comme ils sont, c'est-à-dire sous la loi.

Et Il le fit. Il naquit sous la loi, Il fut « fait » coupable et condamné par la loi. Il fut fait «coupable» tout autant que chaque homme sous la loi. Il fut « fait » sous la condamnation tout aussi pleinement que tout homme qui a violé la loi. Il fut « fait » sous la condamnation tout aussi bien que tout homme dans le monde est sous la condamnation à cause de la loi. Il fut « fait » comme étant sous la condamnation aussi complètement que tout homme dans le monde peut l'être ou l'a été. Car il est écrit que : « Celui qui est pendu (au bois) est un objet de malédiction auprès de Dieu » (Deutéronome 21:23).

La traduction littérale de l'hébreu est encore plus forte : « Celui qui est pendu au bois est la malédiction de Dieu ». Et ceci rend exactement la pensée à l'égard de Christ, car il a été « fait malédiction ». Ainsi, quand Il naquit sous la loi, Il prit aussi toute la condition de quelqu'un sous la loi. Il a été fait coupable; Il a été fait condamné; et finalement Il a été « fait malédiction ».

Gardez toujours à l'esprit, que tout ceci, Il « a été fait ». Il ne l'était pas de Lui-même, par défaut naturel, mais Il « a été fait » ainsi pour nous qui sommes sous la loi; pour nous qui sommes sous la condamnation à cause des transgressions de la loi; pour nous qui sommes sous la malédiction pour avoir juré, menti, tué, volé, commis l'adultère et toutes les autres infractions du rouleau de la loi de Dieu qui nous suit jusque dans notre maison.

Il « a été fait » sous la loi pour racheter ceux qui sont sous la loi. Il « a été fait » malédiction pour racheter ceux qui sont sous la malédiction, À CAUSE du fait d'être sous la loi.

Qu'on se souvienne toujours que ce qu'Il a accompli a été fait dans des conditions particulières : Il « a été fait » ce qu'il n'était pas par Lui-même afin d'être semblable à ceux qu'Il devait sauver.

En conséquence, tout homme dans le monde qui connaît le sentiment de culpabilité, connaît aussi ce que Jésus éprouva pour Lui et, par conséquent, Il sait à quel point Jésus est venu près de lui. Tous ceux qui savent ce qu'est la condamnation, savent exactement ce que Christ a senti pour eux, et ils comprennent aussi à quel point Jésus est capable de sympathiser avec eux, et de les racheter. Quiconque connaît ce qu'est la malédiction du péché, « la plaie de son coeur » (1 Rois 8:38) peut comprendre exactement ce que Jésus expérimenta pour lui, et à quel point il s'est identifié avec lui, dans une même expérience, avec lui.

En portant la culpabilité, en étant sous la condamnation, et sous le poids de la malédiction, Jésus, durant toute une vie dans ce monde de culpabilité, de condamnation et de malédiction, vécu la vie parfaite de la justice de Dieu, sans jamais pécher. Et tout homme, connaissant la culpabilité, la condamnation et la malédiction, sachant que Jésus sentit réellement dans son expérience tout ceci, exactement comme l'homme le sent, si en plus, cet homme croit en Jésus, il pourra, lui aussi, connaître dans son expérience la bénédiction de la vie parfaite de la justice de Dieu dans sa vie, le rachetant de la culpabilité, de la condamnation et de la malédiction, se manifestant tout au long de sa vie, le gardant absolument de pécher.

Christ a été fait sous la loi pour racheter ceux qui étaient sous la loi. Et cette oeuvre bénie est accomplie pour toute âme qui accepte une telle rédemption.

« Christ nous a rachetés de la malédiction de la loi, étant devenu malédiction pour nous ». Ce n'est pas en vain qu'il a été fait malédiction; il accomplit tout ce qu'il avait l'intention de faire au profit de chaque homme qui Le recevrait. Car tout fut fait afin que « la bénédiction d'Abraham eût pour les païens son accomplissement en Jésus-Christ, et que nous reçussions par la foi l'Esprit qui avait été promis » (Galates 3:14).

Une fois de plus, quel que soit le but recherché et son accomplissement, il faut toujours garder à l'esprit le FAIT que, dans Son abaissement, dans Son dépouillement de Lui-même, étant semblable à l'homme et fait chair, Christ fut fait sous la loi, sous la culpabilité, -- sous la condamnation et la malédiction -- aussi réellement et entièrement que toute âme qui doit être rachetée.

Et ayant connu tout ceci, Il peut devenir l'auteur d'un salut éternel, capable de sauver pleinement de la plus profonde déchéance, tous ceux qui viennent à Dieu par Lui.

Chapitre 6—« Né D'une Femme »

De quelle manière Christ eut-il part à la chair? Comment participa-t-il à la nature humaine? Exactement de la même façon que nous et que tous les enfants des hommes. Car il est écrit : « puisque les enfants participent au sang et à la chair, il y a également participé lui-même. »

« Également » signifie : dans la même manière, d'une façon semblable. Ainsi Jésus participa au même sang et à la même chair qu'ont les hommes, de la même façon que ceux auxquels les enfants des hommes participent. C'est par la naissance que les enfants y prennent part. Il fit de même; c'est pourquoi les Écritures disent qu'un « enfant nous est né ».

En harmonie avec ce qui précède, nous lisons que : « Dieu a envoyé son Fils, né d'une femme » (Galates 4:4). Étant venu dans ce monde, né d'une femme, il naquit forcément du seul genre de femme que le monde connaisse.

Pourquoi dut-il être « né d'une femme » et non d'un homme? Pour la simple raison qu'être « né d'un homme » ne l'aurait pas approché suffisamment du genre humain, tel qu'il est, sous le péché; il est « né d'une femme », afin de descendre au plus bas, jusqu'au dernier recoin de la nature humaine dans son péché.

Pour faire ceci, il fallait qu'il naisse d'une femme, et non d'un homme, parce que la femme et non l'homme fut à l'origine de la transgression. Parce que « ce n'est pas Adam qui a été séduit, c'est la femme qui, séduite, s'est rendue coupable de transgression » (1 Timothée 2:14).

S'il était descendu de l'homme seulement, il n'aurait pas atteint la totalité du péché, vu que la femme avait péché, et que le péché était ainsi entré dans le monde avant que l'homme péchât.

Christ naquit donc de la femme dans le but de pouvoir rencontrer le grand monde du péché à sa véritable source de son entrée dans le monde. S'il était né d'une autre façon que d'une femme, il n'aurait parcouru que la moitié du chemin, ce qui aurait signifié en fait la totale impossibilité de racheter les hommes.

Ce devait être la postérité de la femme qui devait écraser la tête du serpent; et ce n'est que comme postérité de la femme, donc né d'une femme, qu'il pouvait affronter le serpent sur son propre terrain, précisément là où le péché entra dans ce monde.

Ce fut la femme, dans ce monde, qui fut la première impliquée dans la transgression. C'est par elle que le péché entra à l'origine. Aussi, pour racheter les enfants des hommes du péché, celui qui serait le Rédempteur, devait venir au-delà de l'homme, pour rencontrer le péché qui fut dans le monde avant que l'homme péchât.

C'est pour cela que Christ, qui vint nous racheter, naquit d'une femme. Étant né d'une femme, il put suivre la trace du péché jusqu'aux origines de son entrée dans le monde, par la femme. Ainsi, pour venir à la rencontre du péché dans le monde, et l'éradiquer jusqu'à exterminer son dernier vestige, il est logique qu'il partageât la nature humaine, telle qu'elle est depuis l'entrée du péché.

S'il n'en avait pas été ainsi, il n'y aurait eu aucune raison pour qu'il fût « né d'une femme ». S'il n'était pas venu en contact étroit avec le péché, tel qu'il est dans le monde et la nature humaine, s'il avait dû être séparé de lui au plus petit degré, alors il n'aurait pas eu besoin de naître d'une femme.

Mais comme il est né d'une femme, et non d'un homme, comme il fut fait de celle par qui le péché entra dans le monde à son origine; et non de l'homme, qui entra dans le péché après qu'il fût dans le monde, ceci démontre au-dessus de toute question, qu'entre Christ et le péché, entre Christ et la nature humaine telle qu'elle était après l'entrée du péché, il n'y a pas l'ombre d'un degré de séparation. Il a été fait chair; il a été fait péché. Il a été fait chair, de la chair telle qu'elle est dans le monde, et il a été fait péché précisément tel que le péché est.

Tout ceci fut nécessaire afin de racheter l'humanité perdue. Pour Lui, être séparé d'une ombre de degré de ceux qu'Il venait racheter aurait signifié l'échec total.

En conséquence, de même qu'Il fut fait « sous la loi » parce qu'Il est venu racheter ceux qui sont sous la loi; Il fut fait malédiction, parce que ceux qu'il est venu racheter sont sous la malédiction; Il fut aussi « fait péché » parce qu'il est venu racheter ceux qui sont pécheurs; et Il dut être fait précisément de la même chair et du même sang que ceux qu'il est venu racheter; et il dut naître « d'une femme » parce que le péché fut à l'origine introduit dans le monde par la femme.

En conséquence, il est exacte, sans aucune exception, qu'il « dû être rendu semblable en toutes choses à ses frères » (Hébreux 2:17).

S'il n'avait pas fallu qu'il soit de la même chair que ceux qu'il vint racheter, alors il n'y aurait aucune raison pour qu'il ait été « fait chair ». Plus encore : puisque l'unique chair qui existe dans ce vaste monde, cette pauvre chair, perdue, pécheresse que possède tout homme, s'il n'avait pas pris cette chair-là, alors, il ne vint jamais vraiment dans ce monde qui avait besoin d'être racheté. S'il vint dans une nature humaine différente de celle qui existe réellement dans ce monde, alors, malgré sa venue pour atteindre et secourir l'homme, il aurait été aussi loin de l'homme que s'il n'était jamais venu. Si tel avait été le cas, il aurait été aussi éloigné que s'il avait été dans un autre monde et s'il n'était jamais venu dans le nôtre.

Il n'y a pas de doute que lors de sa naissance, Christ prit part à la nature de Marie, « la femme » de laquelle Il fut fait. Mais l'esprit charnel a du mal à admettre que Dieu, dans sa perfection et sa sainteté, pût supporter de venir parmi les hommes étant semblable à eux dans leur culpabilité. C'est pourquoi, des efforts on été faits pour échapper aux conséquences de cette glorieuse vérité qui implique le dépouillement du moi, en inventant une théorie selon laquelle la nature de la vierge Marie était différente de celle du reste du genre humain : que Sa chair n'était pas exactement la même que celle des autres. Cette invention prétend que, par un étrange procédé, Marie fut différente du reste des humains, dans le but particulier que Christ puisse naître d'elle de la façon qui convenait.

Cette fabulation a abouti à ce qui est connu comme le dogme catholique romain de l'immaculée conception. Beaucoup de Protestants, si ce n'est l'immense majorité d'entre eux, avec d'autres non catholiques, croient que l'immaculée conception se réfère à la conception de Jésus par la vierge Marie. Mais ceci est une grosse erreur. Cela ne se rapporte absolument pas à la conception de Christ par Marie, mais à celle de Marie elle-même par sa mère.

La doctrine officielle et « infaillible » de l'immaculée conception, telle qu'elle est solennellement définie dans un article de foi, par le pape Pie IX, parlant ex cathedra, le 8 Décembre 1854, se présente comme suit :

« Par l'autorité de notre Seigneur Jésus-Christ et des apôtres bénis Pierre et Paul, et par notre propre autorité, nous déclarons, prononçons et précisons que la doctrine de la vierge

Marie très bénie, qui dès le premier instant de SA conception, par une grâce et un privilège spéciaux du Très-Haut, en raison des mérites de Jésus-Christ, le Sauveur de l'humanité, fut exemptée et préservée de toute souillure du péché originel, est une doctrine qui a été révélée par Dieu et, par conséquent, elle doit être crue fermement et avec constance par tous les fidèles.

Donc, si pour quelque raison que ce soit, quelqu'un prétend dans son coeur penser différemment de ce que nous avons défini, qu'il sache et comprenne qu'il est condamné par son propre jugement, que sa foi a fait naufrage et qu'il est déchu de l'unité de l'église. » (Catholic Bilief, p. 214).

Cette conception est définie par les auteurs catholiques de la manière suivante :

L'ancien écrit « De Nativitate Christi » trouvé dans les oeuvres de Saint Cyprien dit : « Parce qu'elle (Marie) était très différente du reste de l'humanité, la nature humaine lui fut communiquée, mais sans le péché. »

Théodore, patriarche de Jérusalem, dit au second Concile de Nicé, que « Marie est réellement la mère de Dieu, et vierge avant et après la naissance de l'enfant; elle fut créée dans une condition plus sublime et plus glorieuse que toute autre nature, que ce soit intellectuelle ou corporelle. (Id., p. 216, 217).

Ceci place manifestement la nature de Marie au-delà de toute réelle ressemblance ou relation avec le genre humain ou la nature humaine. Ayant retenu cette notion, examinons ce que dit le Cardinal Gibbons :

« Nous affirmons que la seconde personne de la Sainte Trinité, la Parole de Dieu, lequel est, dans sa nature divine, engendré du Père de toute éternité, de la même substance que Lui, quand les temps furent révolus, fut à nouveau engendré en naissant de la vierge, prenant ainsi pour lui-même, de la matrice maternelle, une nature humaine de la même substance que la sienne.

« Aussi loin que le sublime mystère de l'Incarnation peut être reflété par l'ordre naturel, la vierge bénie, sous l'ombre du Saint-Esprit, communiqua à la seconde personne de l'adorable Trinité, comme le font toutes les mères, une vraie nature humaine de la même substance que la sienne; de ce fait, elle est vraiment et réellement sa mère. » (Faith of our Fathers, p. 198, 199).

Associons maintenant ces deux éléments : premièrement, la nature de Marie est définie comme étant non seulement très différente du reste du genre humain, mais « plus sublime et plus glorieuse que tout autre nature; la plaçant ainsi infiniment au-delà de toute réelle ressemblance ou relation avec le genre humain, tel que nous le sommes.

Ensuite, nous voyons que Jésus est décrit comme prenant de sa mère une nature de la même substance qu'elle.

De cette théorie, il s'ensuit que dans Sa nature humaine, le Seigneur Jésus est « très différent » du reste du genre humain. Sa nature n'est pas du tout la nature humaine.

Telle est la doctrine catholique romaine sur la nature humaine de Christ. Finalement, une telle doctrine démontre simplement que cette nature n'est pas du tout humaine, mais divine : « plus sublime et plus glorieuse que toute autre nature ». Dans sa nature humaine, Christ fut tellement séparé du genre humain et tellement différent du reste de l'humanité que dans une nature telle, Il ne pouvait avoir aucune sorte de sympathie pour la nature humaine.

Cependant, ceci n'est pas la foi de Jésus. La foi de Jésus, c'est qu'Il « a participé au sang et à la chair comme le font les enfants. »

La foi de Jésus, c'est que « Dieu envoya son propre Fils dans la ressemblance de la chair pécheresse. »

La foi de Jésus, c'est qu'il « a dû être rendu semblable en toutes choses à ses frères. »

La foi de Jésus, c'est qu'il « prit lui-même nos infirmités et fut touché par le sentiment de nos faiblesses; étant tenté en tous point comme nous le sommes ». S'il n'avait pas été « comme nous », il n'aurait pas pu être tenté comme nous. Mais il fut en tous point « tenté comme nous ». Donc, il fut en tout point semblable à nous.

Dans les citations catholiques que nous avons mentionnées dans ce chapitre, nous avons présenté la position romaine sur la nature du Christ et de Marie. Dans le second chapitre des Hébreux et dans des passages similaires des Écritures, nous voyons (et nous nous sommes efforcés dans cette étude de la démontrer telle qu'elle est présentée dans la Bible) la foi de Jésus quant à sa nature humaine.

La foi de Rome sur la nature de Christ et de Marie, et aussi de la nôtre, jaillit cette idée que, pour la pensée naturelle, Dieu est trop pur et trop sain pour demeurer avec nous et en nous, dans notre nature humaine. Pécheurs comme nous le sommes, il ne peut venir à nous, près de nous, comme nous le sommes.

La véritable foi de Jésus est que, aussi loin que nous soyons de Dieu, dans notre culpabilité et notre nature humaine qu'Il prit, Il est venu à nous exactement là où nous sommes; c'est aussi que, infiniment pur et saint comme Il L'est, Dieu, en Christ, à travers Son Saint-Esprit, a habité de plein gré avec nous et en nous pour nous sauver, nous purifier et nous rendre saints.

La foi catholique est que nous devons devenir purs et saints pour que Dieu puisse demeurer en nous.

La foi de Jésus c'est que Dieu doit demeurer avec nous, et en nous, afin que nous devenions des êtres purs et saints.

Chapitre 7—La Loi De L'hérédité

« La Parole a été faite chair ».

« Quand les temps furent accomplis, Dieu a envoyé son Fils, né d'une femme. » (Galates 4:4).

« Et le Seigneur a fait retomber sur lui l'iniquité de nous tous. » (Ésaïe 53:6).

Nous avons vu qu'étant né d'une femme, Christ a atteint le péché à la source même de son entrée dans ce monde et qu'il devait naître d'une femme pour le faire. Nous avons aussi vu que l'iniquité des péchés de nous tous retomba sur Lui.

Tous les péchés de ce monde, depuis son origine jusqu'à sa fin, retombèrent sur Lui : le péché tel qu'il est en lui-même, le péché tel qu'il est commis par nous, le péché dans sa tendance, et le péché dans l'acte, le péché héréditaire en nous, non commis par nous; et le péché que nous commettons.

De cette façon seulement l'iniquité de nous tous pouvait retomber sur Lui. Par Sa soumission à la loi de l'hérédité, Jésus pouvait atteindre le péché dans sa vraie dimension, tel qu'il est véritablement. Sinon, seuls les péchés que nous commettons effectivement auraient pu retomber sur Lui, avec la culpabilité et la condamnation qui leur correspondent. Mais outre ceci, il existe chez chaque personne, la tendance au péché, héritée de plusieurs générations antérieures et qui n'a pas abouti à l'acte de péché, mais qui est toujours disposée, quand l'occasion le permet, à se consumer en commettant l'acte de péché. Le grand péché de David en est une bonne illustration (Psaume 51:5; 2 Samuel 11:2).

La délivrance du péché ne nous sauve pas seulement des péchés effectivement commis, mais nous garde d'en commettre d'autres. Et pour qu'il puisse en être ainsi, cette tendance héréditaire à pécher doit être affrontée et soumise; nous devons être remplis par le pouvoir qui nous garde de pécher, un pouvoir pour vaincre cette tendance ou désavantage héréditaire à pécher qu'il y a en nous.

Tous les péchés que nous commettons actuellement ont été chargés sur Lui; ils Lui furent imputés afin que Sa justice puisse retomber sur nous, puisse nous être imputée. Notre tendance au péché est aussi retombée sur Lui, dans son être « fait chair » et « né d'une femme », de la même chair et du même sang que nous, pour que Sa justice puisse être réellement manifestée en nous, dans la vie quotidienne.

Ainsi, il affronta le péché dans la chair qu'Il prit et Il triompha de lui, ainsi qu'il est écrit : « Dieu envoya son propre Fils dans la ressemblance de la chair de péché » et « condamna le péché DANS LA CHAIR». Et encore : « Il est notre paix, Lui qui a aboli dans sa chair l'inimitié ».

Ainsi, exactement de même que nos péchés réellement commis Lui furent imputés, afin que Sa justice puisse nous être imputée; ainsi, en affrontant et en conquérant, dans la chair, la tendance au péché, et en manifestant la justice dans cette même chair, il nous rend capables -- en lui, et lui en nous -- d'affronter et de conquérir dans la chair, cette même tendance au péché, et de manifester la justice dans cette même chair.

Et il en est de même pour les péchés que nous avons commis effectivement, les péchés passés, sa justice nous est imputée, de la même manière que nos péchés lui furent imputés. Afin de nous garder de pécher, Sa Justice nous est impartie dans notre chair, de même que notre chair, avec sa tendance au péché, lui fut impartie. Ainsi, il est le Sauveur complet. Il nous sauve de tous les péchés que nous avons effectivement commis et il nous sauve également de tous ceux que nous pourrions commettre si nous nous séparons de Lui.

S'il n'avait pas pris la même chair et le même sang que partagent les enfants des hommes, avec leurs tendances au péché, alors quelle raison ou philosophie justifierait l'accent mis sur sa généalogie dans les Écritures? Il descendait de David, d'Abraham, d'Adam; et étant fait d'une femme, Il atteint même ce qui précéda la chute d'Adam: les origines du péché dans le monde.

Dans cette généalogie, figurent Jojakim qui, à cause de sa méchanceté, eut « la sépulture d'un âne » et fut « traîné et jeté hors des portes de Jérusalem » (Jérémie 22:19); Manassé « fut cause que Juda et les habitants de Jérusalem s'égarèrent et firent le mal plus que les nations que l'Éternel avait détruites » (2 Chroniques 33:9), Achaz « qui avait jeté le désordre dans Juda et commis des péchés contre l'Éternel » (2 Chroniques 28:19), Roboam qui naquit de Salomon après que celui-ci se fut détourné du Seigneur; Salomon lui-même, né de David et de Bethschéba; il y aussi Ruth la Moabite et Rahab la prostituée, ainsi qu'Abraham, Jessé, Asa, Josaphat, Ezéchias et Josias, c'est-à-dire les pires mêlés à égalité avec les meilleurs. Les mauvaises actions, même celles des meilleurs, nous sont relatées à égalité avec les bonnes. Et dans toute cette généalogie, nous en trouverons difficilement un, dont la vie a été donnée en référence, qui ne possède pas dans son registre un acte mauvais.

Remarquez que c'est à la fin d'une telle généalogie que la Parole fut faite chair et habita parmi nous. Ce fut à la fin d'une telle généalogie que Jésus « naquit d'une femme ». Ce fut dans une telle lignée de descendants que Dieu envoya son propre Fils dans la ressemblance de la chair de péché. Et une telle descendance, une telle généalogie représentait quelque chose pour lui, comme c'est aussi le cas pour nous, en regard de la loi qui dit que les iniquités des pères retomberont sur les enfants pour trois ou quatre générations. Cela avait une signification pour Jésus, aussi bien au moment des tentations du désert que durant toute sa vie dans la chair.

Ainsi donc, par hérédité et par imputation, il fut chargé des péchés du monde. Et ainsi chargé de ce lourd désavantage, il parcourut triomphalement le terrain sur lequel, sans aucune sorte de désavantage, le premier couple échoua.

Par sa mort, il paya la pénalité de tous les péchés réellement commis, pouvant ainsi, avec équité, attribuer sa justice à tous ceux qui choisissent de la recevoir. Et pour avoir condamné le péché dans la chair, abolissant dans sa chair l'inimitié, il nous libéra du pouvoir de la loi de l'hérédité. Il peut ainsi, en toute justice, impartir Sa nature et son pouvoir divins afin de nous élever au-dessus de cette loi, en maintenant au-dessus d'elle toute âme qui Le reçoit.

Ainsi, il est écrit : « Lorsque les temps ont été accomplis, Dieu a envoyé son Fils, né d'une femme, né sous la loi, afin qu'il rachetât ceux qui étaient sous la loi, afin que nous reçussions l'adoption » (Galates 4:4). « Car, chose impossible à la loi, parce que la chair la rendait sans force, Dieu a condamné le péché dans la chair, en envoyant, à cause du péché, son propre Fils dans une chair semblable à celle du péché, et cela afin que la justice de la loi fût accomplie en nous, qui marchons, non selon la chair, mais selon l'Esprit. » (Romains 8:3, 4). « Car il est notre paix, lui qui des deux n'en a fait qu'un, et qui a renversé le mur de séparation, l'inimitié... afin ce créer en lui-même, avec les deux un seul homme nouveau, en établissant la paix. » (Éphésiens 2:14, 15).

Ainsi, « il a dû être rendu semblable en toutes choses à ses frères, ... car, ayant été tenté lui-même dans ce qu'il a souffert, il peut secourir ceux qui sont tentés. » (Hébreux 2:17, 18).

Que la tentation vienne de l'intérieur ou de l'extérieur, Il est le parfait bouclier contre elle; en conséquence, Il peut sauver parfaitement ceux qui viennent à Dieu par lui.

Dieu envoya son propre Fils dans la ressemblance de la chair pécheresse, Christ prenant notre nature telle qu'elle est dans sa culpabilité et sa dégénérescence, et Dieu habitant constamment avec Lui et en Lui dans cette nature; dans tout ceci, Dieu a démontré qu'il n'y a pas d'âme dans le monde si chargé de péchés ou si perdue avec laquelle Il ne serait pas heureux d'habiter pour la sauver et la conduire dans la voie de la justice.

Ainsi, il est prouvé que son nom est « Emmanuel », Dieu avec nous.

Chapitre 8—Semblable En Toutes Choses

Il est primordial de reconnaître que dans les deux premiers chapitres des Hébreux, la réflexion concernant la personne de Christ est surtout axée sur Sa nature et Sa substance. Dans Philippiens 2:5 à 8, nous voyons Christ en relation avec Dieu et avec l'homme, tout particulièrement dans sa « forme » et sa « nature ». Il est écrit : « Ayez en vous les sentiments qui étaient en Jésus-Christ, lequel, existant en forme de Dieu, n'a point regardé comme une proie à arracher d'être égal avec Dieu, mais s'est dépouillé lui-même, en prenant une forme de serviteur, en devenant semblable aux hommes; et ayant paru comme un simple homme, il s'est humilié lui-même, se rendant obéissant jusqu'à la mort, même jusqu'à la mort de la croix. »

Quand Jésus s'est dépouillé lui-même, Il devint homme : et Dieu fut révélé dans l'Homme. Quand Jésus se dépouilla de lui-même, d'un côté l'homme apparut, de l'autre côté, Dieu apparut. Ainsi, Dieu et l'homme se rencontre dans la paix et deviennent Un : « Car il est notre paix, lui qui des deux n'en a fait qu'un... ayant aboli dans sa chair l'inimitié... afin de créer en lui-même avec les deux (Dieu et l'homme) un seul homme nouveau, en établissant la paix. » (Éphésiens 2:14, 15).

Celui qui était en forme de Dieu prit la forme de l'homme.

Celui qui était égal avec Dieu devint égal à l'homme.

Celui qui était Créateur et Seigneur devint créature et serviteur.

Celui qui était semblable à Dieu fut fait semblable à l'homme.

Celui qui était Dieu et Esprit, se fit homme, et chair. (Jean 1:1, 14).

Cela est vrai non seulement pour la forme, mais aussi pour la substance. Car Christ était comme Dieu dans le sens qu'il était de Sa nature, et de Sa substance. Il fut fait comme les hommes, dans le sens qu'il fut de la nature et de la substance humaines.

Christ était Dieu. Il devint homme. Et quand Il devint homme, Il fut homme tout aussi réellement qu'il était vraiment Dieu.

Il devint homme afin de pouvoir racheter l'homme.

Il vint à l'homme là où celui-ci se trouve, pour l'amener à lui, là où Il était et où Il est.

Et dans le but de racheter l'homme de ce qu'il est, Il fut fait ce que l'homme est :

L'homme est chair (Genèse 6:3; Jean 3:6). « Et la Parole a été faite chair » (Jean 1:14; Hébreux 2:14).

L'homme est sous la loi (Romains 3:19). Christ fut fait « sous la loi » (Galates 4:4).

L'homme est sous la malédiction (Galates 3:10; Zacharie 5:1-4). Christ fut fait malédiction (Galates 3:13).

L'homme est vendu au péché (Romains 7:14) et chargé d'iniquité (Ésaïe 1:4). « Et l'Éternel a fait retomber sur lui l'iniquité de nous tous » (Ésaïe 53:6).

L'homme est un corps de péché (Romains 6:6). Et Dieu l'a fait devenir péché pour nous (2 Corinthiens 5:21).

Ainsi, littéralement, « il a dû être rendu semblable en toutes choses à ses frères ».

Cependant, on ne doit jamais oublier, et il faut garder constamment dans le coeur et l'esprit que rien de ce qui est relatif à l'humanité, la chair, le péché, la malédiction, ne venait de Christ lui-même, ni n'eut son origine dans aucune nature ou faute propres. Il « fut fait » tout ceci. « Il s'est dépouillé lui-même, en prenant une forme de serviteur, en devenant semblable aux hommes ».

Et en tout ceci, il fut fait ce qu'il n'était pas avant, afin que l'homme puisse être fait, maintenant et pour toujours ce qu'il n'était pas.

Christ était le Fils de Dieu. Il devint le Fils de l'homme, afin que les enfants des hommes puissent devenir fils de Dieu (Galates 4:4; 1 Jean 3:1).

Christ était Esprit (1 Corinthiens 15:45). Il devint chair afin que l'homme, qui est chair, puisse devenir esprit (Jean 3:6; Romains 8:8-10).

Christ, dont la nature était entièrement divine, fut fait participant de la nature humaine, afin que nous, qui sommes entièrement de la nature humaine, nous puissions « devenir participants de la nature divine » (2 Pierre 1:4).

Christ, qui ne connu pas le péché, fut fait péché afin que nous, qui ne connaissions pas la justice, nous puissions être faits justice, et même justice de Dieu.

De même que la justice de Dieu, de laquelle l'homme est fait en Christ, est la véritable justice, ainsi, le péché de l'homme, duquel Christ fut fait dans la chair, était le véritable péché.

Aussi certainement que nos péchés, quand ils sont sur nous, sont de véritables péchés, tout aussi certainement quand ils furent chargés sur Lui, ils furent pour Lui de vrais péchés.

Aussi certainement que cette culpabilité est liée à ces péchés, et à nous à cause de ces péchés, quand ils sont sur nous, ainsi aussi cette culpabilité liée à nos péchés mêmes, et à cause d'eux, a reposé sur Christ quand ils furent déposés sur Lui.

De la même manière que ces péchés nous produisaient un sentiment réel de condamnation et de découragement, quand ces péchés -- nos péchés -- furent placés sur Lui, ils lui produisirent un sentiment réel de condamnation et de découragement en raison de sa pleine compréhension de la culpabilité de ces péchés là.

Ainsi, la culpabilité, la condamnation, le découragement causé par la connaissance du péché furent siens, ils furent un fait dans Son expérience consciente, aussi réel qu'ils le sont dans la vie de n'importe quel pécheur qui ait jamais existé sur la terre. Et cette effroyable vérité apporte à toute âme pécheresse la glorieuse vérité que la justice de Dieu, le repos, la paix et la joie de cette justice, sont un fait dans l'expérience consciente du croyant en Jésus dans ce monde, d'une façon aussi réelle qu'ils le furent dans la vie de toute être saint qui ait jamais habité dans le ciel.

Celui qui connaissait la grandeur de la justice de Dieu, acquit aussi la connaissance de la profondeur des péchés de l'humanité. Il connaît le caractère terrible de la profondeur des péchés des hommes, aussi bien que la gloire et les hauteurs de la justice de Dieu. Et c'est pourquoi, « par sa connaissance, mon serviteur juste justifiera beaucoup d'hommes » (Ésaïe 53:11). Par cette connaissance qu'il possède, il est capable de libérer tout pécheur des plus grandes profondeurs du péché, et de l'élever à la plus grande hauteur de la justice, la justice même de Dieu.

Fait « en toutes choses semblable à nous », Il fut en tout point comme nous sommes. Et ceci si complètement qu'il pouvait dire, comme nous aussi devons le reconnaître : « Je ne puis rien faire de moi-même » (Jean 5:30).

Il est tout à fait vrai que dans les faiblesses et l'infirmité de la chair (la nôtre) qu'Il prit, Il était comme l'homme qui est sans Dieu et sans Christ, puisque c'est seulement sans Lui que les hommes ne peuvent rien faire. Avec Lui, et par Lui, tout est possible car Il est écrit : « Je puis tout par celui qui me fortifie ». Mais à propos de ceux qui sont sans lui, il est dit : « Sans moi, vous ne pouvez rien faire. » (Jean 15:5).

Aussi, lorsque Jésus dit : « Je ne peux rien faire de moi-même » nous avons l'assurance pour toujours, -- à cause du fait qu'il prit toutes nos infirmités; à cause de notre état pécheur héréditaire et effectif, qui fut placé sur Lui et impartie --, que lorsqu'Il prit nos infirmités dans la chair, lorsque celles-ci furent placées sur Lui, Il en fut de Lui dans cette chair, comme Il en est de l'homme, quand Il est chargé de ses péchés héréditaires et acquis, et sans Dieu. Et dans cette faiblesse, avec la charge des péchés, impuissant comme nous le sommes, Il S'écria dans Sa foi divine: « Je me confierai en toi. » (Hébreux 2:13).

Jésus vint « chercher et sauver ce qui était perdu ». Et pour sauver les perdus, il vint vers les perdus que nous sommes, là où nous étions. Il se plaça lui-même parmi les perdus. « Il a été mis au nombre des malfaiteurs. » Il fut « fait péché ». Et partant de cette situation de faiblesse et d'infirmité du perdu, Il Se confia en Dieu, sachant qu'Il Le garderait et Le délivrerait. Chargé de tous les péchés du monde et tenté en toutes choses comme nous le sommes, Il espéra et Se confia en Dieu pour Le sauver de tous ces péchés et Le garder de pécher Lui-même (Psaume 69:1-21; 71:1-20; 22:1-22; 31:1-5).

Et ceci est la foi de Jésus : c'est le point où la foi de Jésus atteint l'homme perdu et pécheur, pour le secourir. Parce qu'Il a été démontré pleinement qu'Il n'y a aucun homme dans le monde entier, pour lequel n'existe aucun espoir en Dieu: aucun, si perdu qu'il soit, que Dieu ne peut sauver s'il met en Lui cette foi de Jésus. Et cette foi de Jésus par laquelle, se trouvant à la place du perdu, Il mit son espoir et Sa confiance en Dieu pour Le sauver du péché et Le garder de pécher, cette victoire qui est la Sienne, est celle qui apporte la foi divine à tout homme dans le monde: par elle tout homme peut espérer en Dieu et se confier en Lui, et Il peut trouver la puissance de Dieu pour le libérer du péché et le garder de pécher. Cette foi qu'Il exerça et par laquelle Il obtint la victoire sur le monde, la chair et le diable, cette foi, est Son don gratuit accordé à chaque homme perdu dans le monde. Et ainsi, « la victoire qui triomphe du monde, c'est notre foi » (1 Jean 5:4). Jésus est l'auteur et le consommateur de cette foi là.

C'est cette foi de Jésus qui est donnée aux hommes. C'est la foi de Jésus que l'homme doit recevoir pour être sauvé. La foi de Jésus qui maintenant, dans ce temps de la proclamation du message du troisième ange, doit être reçue et gardée par ceux qui seront délivrés de l'adoration de la bête et de son image, et rendus capables de garder les commandements de Dieu. C'est la foi de Jésus, telle qu'elle est mentionnée dans les derniers mots du message du troisième ange. « C'est ici persévérance des saints, qui gardent les commandements de Dieu et la foi de Jésus » (Apocalypse 14:12).

Voici donc le résumé de ce que nous avons dit : « Nous avons un tel Souverain Sacrificateur. » Tout ce que nous avons trouvé dans les deux premiers chapitres de l'épître aux Hébreux est le fondement essentiel et préalable à son sacerdoce. Car « Il a dû être rendu emblable en toutes choses à ses frères, afin qu'il fût un souverain sacrificateur miséricordieux et fidèle dans le service de Dieu, pour faire l'expiation des péchés du peuple; car, ayant été tenté lui-même dans ce qu'il a souffert, il peut secourir ceux qui sont tentés. » (Hébreux 2:17, 18).

Chapitre 9—Autres Qualifications De Notre Souverain Sacrificateur

Tel est le thème des deux premiers chapitres de l'épître aux Hébreux. Maintenant s'ouvre le troisième chapitre. Mieux dit, le grand thème continue dans le chapitre suivant avec l'admirable exhortation : « C'est pourquoi, frères saints, qui avez part à la vocation céleste, considérez l'apôtre et le souverain sacrificateur de la foi que nous professons, Jésus, qui a été fidèle à celui qui l'a établi. » (Hébreux 3:1). Ayant présenté Christ dans la chair, tel qu'Il fut fait, semblable en toutes choses aux enfants des hommes, et notre plus proche parent, nous devons Le considérer maintenant dans La fidélité dans cette situation.

Le premier Adam ne fut pas fidèle. Ce dernier Adam « a été fidèle dans toute la maison de Dieu… Car il a été jugé digne d'une gloire d'autant supérieure à celle de Moïse que celui qui a construit une maison a plus d'honneur que la maison même. Chaque maison est construite par quelqu'un, mais celui qui a construit toutes choses, c'est Dieu. Pour Moïse, il a été fidèle dans toute la maison de Dieu, comme serviteur, pour rendre témoignage de ce qui devait être annoncé; mais Christ l'est [fidèle] comme Fils sur Sa maison; et Sa maison, c'est nous, pourvu que nous retenions jusqu'à la fin la ferme confiance et l'espérance dont nous nous glorifions. » (Hébreux 3:1-6).

Ensuite, on cite Israël, qui sortit d'Égypte, et qui ne demeura pas fidèle; il manqua d'entrer dans le repos de Dieu parce qu'il ne crut pas en Lui. Voici donc l'exhortation qui nous est donnée : « Craignons donc, tandis que la promesse d'entrer dans son repos subsiste encore, qu'aucun de vous ne paraisse être venu trop tard. Car cette bonne nouvelle nous a été annoncée aussi bien qu'à eux; mais la parole qui leur fut annoncée ne leur servit de rien, parce qu'elle ne trouva pas de la foi chez ceux qui l'entendirent. Pour nous qui avons cru, nous entrons dans le repos » en croyant en Celui qui se donna lui-même pour nos péchés (Hébreux 4:1-3).

Nous entrons dans le repos quand tous nos péchés nous sont pardonnés en croyant en Celui qui fut fidèle en chaque devoir et face à toutes les tentations de la vie. Nous aussi, nous entrons dans Son repos et nous y demeurons, en étant participants de Sa fidélité, dans laquelle et par laquelle nous aussi nous serons fidèles à Celui qui nous a désignés. En Le considérant dans Sa fidélité, Lui, « le souverain sacrificateur de la foi que nous professons

», nous parviendrons toujours à la conclusion que « nous n'avons pas un souverain sacrificateur qui ne puisse compatir à nos faiblesses; au contraire, il a été tenté comme nous en toutes choses, sans commettre de péché. » (Hébreux 4:15).

Vu que « nous n'avons pas un souverain sacrificateur qui ne puisse compatir à nos faiblesses », on en déduit que nous avons un Sacrificateur qui peut compatir. Et la façon dont il est touché, c'est parce qu'il « a été tenté comme nous en toutes choses ». Il n'existe aucun domaine où une âme puisse être tentée et où Il n'ait pas senti Lui-même le pouvoir de la tentation tout aussi certainement que n'importe quel être humain. Mais bien qu'Il fut tenté en toutes choses comme nous, et sentit le pouvoir de la tentation d'une façon aussi réelle que chacun de nous, Il resta fidèle et ne commit aucun péché. Ainsi par la foi en Lui -- dans Sa fidélité, dans Sa foi parfaite -- chaque âme peut affronter la tentation sans pécher.

C'est là notre salut : qu'Il fut fait chair comme l'homme et Il Lui appartenait d'être semblable à nous, tenté en tous points comme nous le sommes, « afin qu'il fût un souverain sacrificateur miséricordieux et fidèle dans le service de Dieu. » Et ceci, non seulement « pour faire l'expiation des péchés du peuple », mais aussi pour « secourir », venir en aide, assister, délivrer des souffrances « ceux qui sont tentés ». Il est notre Souverain Sacrificateur miséricordieux et fidèle pour nous secourir -- accourir à notre aide --, pour nous préserver de toute chute lorsque nous sommes tentés, nous délivrant ainsi de commettre le péché. Il accourt pour nous secourir, de telle façon que nous ne tombons pas dans la tentation, mais nous la surmontons victorieusement en ne péchant pas.

« Ainsi, puisque nous avons un grand Souverain Sacrificateur qui a traversé les cieux, Jésus, le Fils de Dieu, demeurons fermes dans la foi que nous professons. » (Hébreux 4:14). Et c'est aussi pour cette raison que nous nous approchons « avec assurance du trône de la grâce, afin d'obtenir miséricorde et de trouver grâce, pour être secourus dans nos besoins (Hébreux 4:16).

En nous invitant à considérer notre Souverain Sacrificateur dans Sa fidélité, nous lisons que : « tout souverain sacrificateur pris du milieu des hommes est établi pour les hommes dans le service de Dieu, afin de présenter des offrandes et des sacrifices pour les péchés. Il peut être indulgent pour les ignorants et les égarés puisque la faiblesse est aussi son partage. » (Hébreux 5:1, 2).

Et c'est pour cela, afin de pouvoir être un souverain sacrificateur miséricordieux et fidèle dans les choses de Dieu, et afin d'amener plusieurs fils à la gloire, il convenait, en tant que Capitaine de leur salut, « la faiblesse étant aussi son partage », étant éprouvé par la tentation, qu'il fût un « homme de douleur et habitué à la souffrance ». Ainsi, il devait connaître « en toutes choses » l'expérience humaine, pour pouvoir « être indulgent pour les ignorants et les égarés, puisque la faiblesse est aussi son partage ». C'est pourquoi, « il fût un souverain sacrificateur miséricordieux et fidèle dans le service de Dieu », et il fut élevé « à la perfection par les souffrances ».

« Nul ne s'attribue cette dignité, s'il n'est appelé de Dieu, comme le fut Aaron. Et Christ ne s'est pas non plus attribué la gloire de devenir souverain sacrificateur, mais il la tient de celui qui lui a dit : Tu es mon fils, je t'ai engendré aujourd'hui ! Comme il dit encore ailleurs : Tu es sacrificateur pour toujours, selon l'ordre de Melchisédek. C'est lui qui, dans les jours de sa chair, ayant présenté avec de grands cris et avec larmes des prières et des supplications à celui qui pouvait le sauver de la mort, et ayant été exaucé à cause de sa piété, a appris, bien qu'il fût Fils, l'obéissance par les choses qu'il a souffertes, et qui, après avoir été élevé à la perfection, est devenu pour tous ceux qui lui obéissent l'auteur d'un salut éternel, Dieu l'ayant déclaré souverain sacrificateur selon l'ordre de Melchisédek. » (Hébreux 5:4-10).

« Et, comme cela n'a pas eu lieu sans serment, -- car, tandis que les Lévites sont devenus sacrificateurs sans serment, Jésus l'est devenu avec serment par celui qui lui a dit : Le Seigneur a juré, et il ne se repentira pas : Tu es sacrificateur pour toujours, selon l'ordre de Melchisédek, -- Jésus est par cela même le garant d'une alliance plus excellente. » Hébreux 7:20-22). Ainsi, Jésus fut fait sacrificateur, au-dessus de tous les autres, par un serment de Dieu. Aussi, « nous avons un tel souverain sacrificateur ».

« De plus, il y a eu des sacrificateurs [de l'ordre d'Aaron] en grand nombre, parce que la mort les empêchait d'être permanents. Mais lui, parce qu'il demeure éternellement, possède un sacerdoce qui n'est pas transmissible » (Hébreux 7:23-24). Par le serment de Dieu, Il est fait prêtre pour toujours. Il est fait prêtre « selon la puissance d'une vie impérissable » (Hébreux 7:16). Ainsi donc, « il demeure éternellement » et Il « possède un sacerdoce qui n'est pas transmissible. C'est aussi pour cela qu'Il peut sauver parfaitement ceux qui s'approchent de Dieu par Lui, étant toujours vivant pour intercéder en leur faveur. » (Hébreux 7:25). Et « nous avons un tel souverain sacrificateur ».

Et, « il nous convenait, en effet, d'avoir un souverain sacrificateur comme lui, saint, innocent, sans tache, séparé des pécheurs, et plus élevé que les cieux, qui n'a pas besoin, comme les souverains sacrificateurs, d'offrir chaque jour des sacrifices, d'abord pour ses propres péchés, ensuite pour ceux du peuple -- car ceci Il l'a fait une fois pour toutes en s'offrant lui-même. En effet, la loi établit souverains sacrificateurs des hommes sujets à la faiblesse; mais la parole du serment qui a été fait après la loi établit le Fils, qui est parfait, pour l'éternité. » (Hébreux 7:26-28).

Chapitre 10—Le Point Capital

« Le point capital de ce qui vient d'être dit, c'est que nous avons un tel souverain sacrificateur. » Quelles sont les choses dont ceci est le résumé ?

Que celui qui fut plus grand que les anges, comme Dieu, fut abaissé au-dessous des anges, au niveau de l'homme.

Que celui qui était en toutes choses semblable à Dieu fut fait en toutes choses semblable à l'homme.

Que celui qui était de la nature de Dieu fut fait de la nature de l'homme.

Qu'en tant qu'homme, il fut tenté en tous points comme le sont les hommes et il ne pécha jamais, mais il fut en toutes choses fidèle à Celui qui l'avait désigné.

Qu'en tant qu'homme, tenté comme nous le sommes en tous points, il a compati à nos faiblesses et fut élevé à la perfection par les souffrances, afin qu'il puisse être un souverain sacrificateur miséricordieux et fidèle, ce à quoi Dieu l'a appelé.

Que par le pouvoir d'une vie impérissable, il fut fait souverain sacrificateur.

Et enfin qu'il le fut par serment de Dieu.

Telles sont les caractéristiques de la Parole de Dieu desquelles le résumé est que « nous avons un tel souverain sacrificateur ».

Mais ceci n'est qu'une partie du « résumé », vu que l'énoncé complet du résumé, « c'est que nous avons un tel souverain sacrificateur, qui s'est assis à la droite du trône de la majesté dans les cieux, comme ministre du sanctuaire et du véritable tabernacle, qui a été dressé par le Seigneur et non par un homme ».

Sur la terre, il y eut un sanctuaire construit par l'homme. Ce sanctuaire fut fait et construit sous la direction du Seigneur. Cependant il était bien différent du sanctuaire et du vrai tabernacle construit par le Seigneur et non par l'homme -- aussi différent que l'oeuvre de l'homme est différente de celle de Dieu.

Ce sanctuaire terrestre avec ses ministres est brièvement décrit, et sa signification est donnée dans les grandes lignes dans Hébreux 9, comme suit :

« Un tabernacle fut, en effet, construit. Dans la partie antérieure, appelée sanctuaire [lieu saint], étaient le chandelier, la table, et les pains de proposition. Derrière le second voile se trouvait la partie du tabernacle appelée le saint des saints, renfermant l'autel d'or pour les parfums, et l'arche de l'alliance, entièrement recouverte d'or. Il y avait dans l'arche un vase d'or contenant la manne, la verge d'Aaron, qui avait fleuri, et les tables de l'alliance. Au-dessus de l'arche étaient les chérubins de la gloire, couvrant de leur ombre le propitiatoire. Ce n'est pas le moment de parler en détails là-dessus.

« Or, ces choses étant ainsi disposées, les sacrificateurs qui font le service entrent en tout temps dans la première partie du tabernacle; et dans la seconde le souverain sacrificateur seul entre une fois par an, non sans y porter du sang qu'il offre pour lui-même et pour les péchés du peuple. Le Saint-Esprit montrait par là que le chemin du sanctuaire n'était pas encore ouvert, tant que le premier tabernacle subsistait. C'est une figure pour le temps actuel, où l'on présente des offrandes et des sacrifices qui ne peuvent rendre parfait sous le rapport de la conscience celui qui rend ce culte, et qui, avec les aliments, les boissons et les diverses ablutions, étaient des ordonnances charnelles imposées seulement jusqu'à une époque de réformation.

« Mais Christ est venu comme souverain sacrificateur des biens à venir; il a traversé le tabernacle plus grand et plus parfait, qui n'est pas construit de main d'homme, c'est-à-dire qui n'est pas de cette création; et il est entré une fois pour toutes dans le sanctuaire, non avec le sang des boucs et des veaux, mais avec son propre sang, ayant obtenu une rédemption éternelle. »

Ce sanctuaire était seulement une « figure pour le temps actuel ». Les sacrificateurs et le souverain sacrificateur y officiaient en offrant des sacrifices et des offrandes. Mais tout ce service, tout ce ministère, l'offrande et le sacrifice, et le sanctuaire lui-même, étaient « une figure pour le temps actuel ... qui ne pouvait rendre parfait sous le rapport de la conscience celui qui rend ce culte ».

Le tabernacle lui-même et le tabernacle, construit par l'homme, n'étaient qu'une figure du véritable tabernacle que le Seigneur a dressé, et pas un homme.

Et le souverain sacrificateur du sanctuaire terrestre était une figure de Christ, véritable souverain sacrificateur du sanctuaire et du vrai tabernacle.

Le ministère du souverain sacrificateur du sanctuaire terrestre n'était rien d'autre qu'une figure du ministère de Christ notre grand Souverain Sacrificateur « qui s'est assis à la droite du trône de la majesté divine dans les cieux, comme ministre du sanctuaire et du véritable tabernacle, qui a été dressé par le Seigneur et non par un homme. »

Les offrandes du sacerdoce, dans le ministère du sanctuaire terrestre, étaient aussi une figure de l'offrande de Christ, le vrai Souverain Sacrificateur, dans son ministère dans le sanctuaire et le véritable tabernacle.

Ainsi donc, Christ était la vraie substance et la signification de tout ce sacerdoce et service terrestre; si on considère une partie du sacerdoce ou du service hors de sa signification, elle n'a plus aucun sens. Aussi certainement que Christ est le véritable prêtre du christianisme, dont le sacerdoce lévitique était une figure, aussi certainement, le sanctuaire duquel Christ est le ministre est le vrai sanctuaire pour tout chrétien, dont le sanctuaire terrestre était une figure, sous la dispensation lévitique.

Les Écritures disent donc : « S'il était sur la terre, il ne serait pas même sacrificateur, puisque là sont ceux qui présentent les offrandes selon la loi (lesquels célèbrent un culte, image et ombre des choses célestes, selon que Moïse en fut divinement averti lorsqu'il allait construire le tabernacle : Aie soin, lui fut-il dit, de faire tout d'après le modèle qui t'a été montré sur la montagne). » (Hébreux 8:4, 5).

« Il était donc nécessaire, puisque les images des choses qui sont dans les cieux devaient être purifiées de cette manière, que les choses célestes elles-mêmes le fussent par des sacrifices plus excellents que ceux-là. Car Christ n'est pas entré dans un sanctuaire fait de main d'homme, en imitation du véritable, mais il est entré dans le ciel même, afin de comparaître maintenant pour nous devant la face de Dieu. » (Hébreux 9:23, 24). Et ce fut dans « le ciel même » sous la dispensation chrétienne, que le trône de Dieu, l'autel d'or et un ange avec un encensoir d'or offrant, « les prières de tous les saints devant Dieu » et « la fumée des parfums monta, avec les prières des saints » (Apocalypse 8:2-4). Dans ce même temps, le « temple de Dieu dans le ciel fut ouvert, et l'arche de son alliance apparut dans son temple » (Apocalypse 11:19; 15:5 à 8; 16:1). De plus, on voyait là « devant le trône ... sept lampes ardentes » brûlant devant le trône (Apocalypse 4:5). Là aussi, on voyait « quelqu'un qui ressemblait à un Fils d'homme », vêtu des vêtements du grand prêtre (Apocalypse 1:13).

Il y a donc dans la dispensation chrétienne un sanctuaire dont le sanctuaire israélite était une figure, aussi certainement qu'il y a un grand sacerdoce dont le premier sacerdoce était le type. Et Christ, notre Souverain Sacrificateur, exerce un ministère dans ce sanctuaire chrétien, de la même façon qu'il y avait un ministère dans le sacerdoce terrestre, exercé dans le sanctuaire terrestre. Et « le point capital de ce qui vient d'être dit, c'est que nous avons un tel souverain sacrificateur, qui s'est assis à la droite de la majesté divine dans les cieux, comme ministre du sanctuaire et du véritable tabernacle, qui a été dressé par le Seigneur et non par un homme. »

Chapitre 11—« Et J'habiterai Au Milieu D'eux »

Quand le Seigneur donna à Israël les directives originelles pour la construction du sanctuaire qui allait être une figure pour le temps présent, il dit : « Ils me feront un sanctuaire, et j'habiterai au milieu d'eux. » (Exode 25:8).

L'objectif du sanctuaire était qu'il puisse habiter au milieu d'eux. Son but est plus clairement spécifié dans les textes suivants : « Je me rencontrerai là avec les enfants d'Israël, et ce lieu sera sanctifié par ma gloire. Je sanctifierai la tente d'assignation et l'autel; je sanctifierai Aaron et ses fils, pour qu'ils soient à mon service dans le sacerdoce. J'habiterai au milieu des enfants d'Israël, et je sera leur Dieu. Ils connaîtront que je suis l'Éternel, leur Dieu, qui les ai fait sortir du pays d'Égypte, pour habiter au milieu d'eux. Je suis l'Éternel, leur Dieu ». (Exode 29:43 à 46; Lévitique 26:11, 12).

Mais le but du sanctuaire n'était pas simplement que Dieu puisse par lui habiter dans le sanctuaire parmi le campement d'Israël. Ceci fut la grande erreur qu'Israël commit dans l'emploi du tabernacle, perdant ainsi de vue sa véritable signification. Lorsque le sanctuaire fut construit et placé au milieu du camp d'Israël, beaucoup pensèrent que cela suffisait; ils conclurent que par ce seul moyen, Dieu habiterait au milieu d'eux.

Il est vrai que par la Shékina, Dieu demeurait dans le sanctuaire. Mais même le sanctuaire et son splendide mobilier placé au milieu du campement d'Israël, ne représentait pas tout; il y avait, outre ce superbe édifice, les sacrifices et les offrandes du peuple. Il y avait les prêtres officiant quotidiennement et le grand prêtre exerçant son service sacré. Sans eux, le sanctuaire aurait été quelque chose de vide, bien que le Seigneur y habitait.

Quelles étaient la signification et l'objectif de ces choses? Quand un des enfants d'Israël avait péché « contre l'un des commandements de l'Éternel, en faisant des choses qui ne doivent pas se faire » et « se rendant ainsi coupable », de sa propre initiative il apportait « à l'entrée de la tente d'assignation » un agneau pour le sacrifice. Avant que l'agneau ne soit offert, celui qui l'avait apporté posait ses mains sur sa tête et confessait ses péchés, et celui-ci était « agréé de l'Éternel, pour lui servir d'expiation ». Alors, celui qui avait apporté l'agneau et avait confessé ses péchés le tuait. Son sang était déposé dans un bassin. Une partie du sang était répandu « au pied de l'autel des holocaustes, qui est à l'entrée de la tente d'assignation »; une autre partie du sang était mise « sur les cornes de l'autel des parfums odoriférants, qui est devant l'éternel dans la tente d'assignation »; puis avec une autre partie du sang, on en faisait « sept fois l'aspersion devant l'Éternel, en face du voile du sanctuaire ». Le reste était répandu « au pied de l'autel des holocaustes, qui est à l'entrée de la tente d'assignation ». L'agneau lui-même était consumé par le feu sur l'autel des holocaustes. Et de tout le service, il est écrit en conclusion : « C'est ainsi que le sacrificateur fera pour cet homme l'expiation du péché qu'il a commis, et il lui sera pardonné. » Le service était similaire en cas de péché et de confession de toute la congrégation. On administrait un service analogue de façon continue, matin et soir, en faveur de toute la congrégation. Mais que les services soient de caractère individuel, ou bien de caractère général, la conclusion était toujours que le « sacrificateur fera pour lui l'expiation devant l'Éternel et il lui sera pardonné. » (Voir Lévitique, chapitres 1 à 5).

Le cycle du service s'achevait chaque année. Et le jour de l'achèvement de ce service, le dixième jour du 7e mois, était tout spécialement le jour des expiations, ou de la purification du sanctuaire. Ce jour-là, le service prenait fin dans le lieu très saint ou saint des saints. Il est écrit à propos du souverain sacrificateur et de son service ce jour-là : « Il fera l'expiation pour le sanctuaire de sainteté, il fera l'expiation pour la tente d'assignation et pour l'autel, et il fera l'expiation pour les sacrificateurs et pour tout le peuple de l'assemblé. » (Lévitique 16:2-34; Hébreux 9:2-8 ;).

Ainsi, les services du sanctuaire, dans les offrandes de sacrifice et le ministère des prêtres, et surtout des souverains sacrificateurs, avaient pour but de faire l'expiation pour le pardon et l'effacement des péchés du peuple. À cause du péché et de la culpabilité, parce qu'ils avaient fait « des choses qui ne doivent pas se faire », il était nécessaire de faire l'expiation ou réconciliation, et obtenir le pardon. Le mot expiation ou réconciliation contient l'idée « d'un seul esprit ». Le péché et la culpabilité les avaient séparés de Dieu. Par ces services, ils étaient « faits un » avec Dieu. Pardonner, signifie littéralement « donner pour ». Pardonner le péché, c'est donner pour le péché. Le pardon du péché ne vient que de Dieu. Qu'est-ce que Dieu donne? Qu'est-ce que Dieu a donné pour le péché? Il donna Christ et Christ « s'est donné lui-même pour nos péchés ». (Galates 1:4; Éphésiens 2:12-16; Romains 5:8-11).

Ainsi donc, quand un individu ou tout le peuple d'Israël avait péché et désirait le pardon, tout le problème et le processus du pardon, l'expiation et le salut se déroulaient sous les yeux de celui-ci. Le sacrifice offert l'était par la foi au sacrifice que Dieu avait déjà accompli en donnant son Fils pour le péché. Et c'est par cette foi que Dieu acceptait les pécheurs, et ceux-ci recevaient Christ comme celui qui pardonne leur péché. Ainsi, ils étaient réconciliés avec Dieu, et faits un avec lui (expiation). C'est ainsi que Dieu habiterait au milieu d'eux; c'est-à-dire qu'il demeurerait dans chaque coeur et dans chaque vie, pour les rendre « saint, innocent, pur, détaché des pécheurs. » Et le fait de placer le tabernacle au milieu du camp d'Israël était une illustration, une leçon objective et une évocation de la vérité selon laquelle il demeurerait au coeur de chaque homme (Éphésiens 3:16-19).

Quelques-uns de la nation, à chaque époque, virent dans le sanctuaire cette grande vérité salvatrice. Mais en tant que corps, dans tous les âges, Israël perdit ce concept; s'arrêtant seulement au fait que Dieu était présent au milieu du camp dans le tabernacle, ils perdirent ainsi la joie de la présence personnelle de Dieu demeurant dans leur vie personnelle. En conséquence, leur adoration devint uniquement formaliste et extérieure, plutôt qu'intérieure et spirituelle. C'est pourquoi leur vie ne fut pas régénérée et manquait de sainteté; ainsi, ceux qui sortirent d'Égypte ne bénéficièrent pas de la grande bénédiction que Dieu avait en réserve pour eux, et ils « tombèrent dans le désert ». (Hébreux 3:17-19).

La même erreur fut commise par ceux qui entrèrent en Canaan. Ils placèrent leur confiance dans le Seigneur, seulement en tant qu'habitant du tabernacle, et ils ne permirent pas que le tabernacle et son ministère fussent les moyens par lesquels le Seigneur demeure en eux par la foi. En conséquence, Dieu permit que le temple soit détruit et que l'arche soit emmenée par les païens (Jérémie 7:12); 1 Samuel 4:10-22) afin que le peuple puisse apprendre à voir, à rencontrer et à adorer Dieu personnellement, et l'inviter à demeurer en eux individuellement.

Après avoir été privé du temple et de ses services pendant environ cent ans, le tabernacle fut restauré par David et finalement assimilé au grand temple construit par Salomon. Mais là aussi, le but final du sanctuaire fut graduellement perdu de vue. Le formalisme, avec la méchanceté qui l'accompagna, augmentèrent progressivement, jusqu'à ce que le Seigneur fût contraint de s'exclamer : « Je hais, je méprise vos fêtes, je ne puis sentir vos assemblés. Quand vous me présentez des holocaustes et des offrandes, je n'y prends aucun plaisir; et les veaux engraissés que vous sacrifiez en action de grâces, je ne les regarde pas. Éloigne de moi le bruit de tes cantiques; je n'écoute pas le son de tes luths. Mais que la droiture soit comme un courant d'eau, et la justice comme un torrent qui jamais ne tarit. » (Amos 5:21-24).

Par Ésaïe, il fit un reproche semblable à Juda : « Écoutez la parole de l'Éternel, chefs de Sodome! Prête l'oreille à la loi de notre Dieu, peuple de Gomorrhe! Qu'ai-je affaire de la multitude de vos sacrifices? dit l'Éternel. Je suis rassasié des holocaustes de béliers et de la graisse des veaux; je ne prends point plaisir au sang des taureaux, des brebis et des boucs. Quand vous venez vous présenter devant moi, qui vous demande de souiller mes parvis? Cessez d'apporter de vaines offrandes; j'ai en horreur l'encens, les nouvelles lunes, les sabbats et les assemblées; je ne puis voir le crime s'associer aux solennités. Mon âmes hait vos nouvelles lunes et vos fêtes; elles me sont à charge; je suis las de les supporter. Quand vous étendez vos mains, je détourne de vous mes yeux; quand vous multipliez les prières, je n'écoute pas : vos mains sont pleines de sang. Lavez-vous, purifiez-vous, ôtez de devant mes yeux la méchanceté de vos actions; cessez de faire le mal. Apprenez à faire le bien, recherchez la justice, protégez l'opprimé; faites droit à l'orphelin, défendez la veuve. Venez et plaidons! dit l'Éternel. Si vos péchés sont comme le cramoisi, ils deviendront blancs comme la neige; s'ils sont rouges comme la pourpre, ils deviendront comme la laine. » (Ésaïe 1:10-18).

Cependant, ses appels ne furent pas pris en considération et Israël fut emmené en captivité, son pays laissé désert à cause de leur perversité. Le même sort pesait sur Juda. Et le danger pour Juda était de la même grande cause que celle que le Seigneur s'efforçait constamment de leur montrer mais qu'ils n'avaient pas encore appris : ils s'étaient accrochés au temple et au fait que la présence de Dieu demeurait dans ce temple comme le but au lieu de le comprendre comme le moyen d'atteindre le grand objectif, qui consistait, par le moyen du temple et de son ministère, en procurant le pardon et la réconciliation, en ce que Celui qui habitait dans le temple viendrait faire Sa demeure en eux. Le Seigneur plaida encore avec Son peuple par l'intermédiaire de Jérémie pour les sauver de cette erreur et les aider à voir la grande vérité et le sens réel du temple et de son service.

Aussi leur dit-il : « Vous vous livrez à des espérances trompeuses, qui ne servent à rien. Quoi! dérober, tuer, commettre des adultères, jurer faussement, offrir de l'encens à Baal, aller après d'autres dieux que vous ne connaissez pas!... Puis vous venez vous présenter devant moi, dans cette maison sur laquelle mon nom est invoqué, et vous dites : Nous sommes délivrés!... Et c'est afin de commettre toutes ces abominations! Est-elle à vos yeux une caverne de voleurs, cette maison sur laquelle mon nom est invoqué? Je le vois moi-même, dit l'Éternel. Allez donc au lieu qui m'était consacré à Silo, où j'avais autrefois fait résider mon nom. Et voyez comment je l'ai traité, à cause de la méchanceté de mon peuple d'Israël. Et maintenant, puisque vous avez commis toutes ces actions, dit l'Éternel, puisque je vous ai parlé dès le matin et que vous n'avez pas écouté, puisque je vous ai appelés et que vous n'avez pas répondu, je traiterai la maison sur laquelle mon nom est invoqué, sur laquelle vous faites reposer votre confiance, et le lieu que j'ai donné à vous et à vos pères, de la même manière que j'ai traité Silo; et je vous rejetterai loin de ma face, comme j'ai rejeté tous vos frères, toute la postérité Éphraïm. Et toi, n'intercède pas en faveur de ce peuple, n'élève pour eux ni supplications ni prières, ne fais pas des instances auprès de moi, car je n'écouterai pas. » « Oh, si ma tête était remplie d'eau, si mes yeux étaient une source de larmes, je pleurerais jour et nuit les morts de la fille de mon peuple! Oh, si j'avais au désert une cabane de voyageurs, j'abandonnerais mon peuple, je m'éloignerais! Car ce sont tous des adultères; c'est une troupe de perfides. Ils ont la langue tendue comme un arc et lancent le mensonge; ce n'est pas par la vérité qu'ils sont puissants dans le pays; car ils vont de méchanceté en méchanceté, et ils ne me connaissent pas, dit l'Éternel. » (Jérémie 7:8-16; 9:1-3).

Quelles sont précisément les « espérances trompeuses » dans lesquelles le peuple se fiait? Les voici : « ne vous livrez pas à des espérances trompeuses en disant : C'est le temple de l'Éternel, le temple de l'Éternel, le temple de l'Éternel! » (Jérémie 7:4). Il est tout à fait évident que le peuple, bien que respectant toutes les formes d'adoration et de service du temple, ne vivait tout ceci que comme des formes, perdant entièrement de vue le but réel du temple et de ses services, qui était que Dieu puisse réformer et sanctifier la vie du peuple, en demeurant individuellement en eux. Oubliant cela, la perversité de leur coeur n'en fut que plus visible. C'est pour cette raison, que tous leurs sacrifices, leur adoration et leurs prières n'étaient, aux yeux de l'Éternel, que bruit et moquerie aussi longtemps que leurs vies n'étaient pas réformées et sanctifiées.

La parole fut adressée à Jérémie en ces mots, de la part de l'Éternel : « Place-toi à la porte de la maison de l'Éternel, et là publie cette parole, et dis : Écoutez la parole de l'Éternel, vous tous, hommes de Juda, qui entrez par ces portes, pour vous prosterner devant l'Éternel! Ainsi parle l'Éternel des armées, le Dieu d'Israël : réformez vos voies et vos oeuvres, et je vous laisserai demeurer dans ce lieu. Ne vous livrez pas à des espérances trompeuses, en disant : C'est ici le temple de l'Éternel, le temple de l'Éternel, le temple de l'Éternel! Si vous réformez vos voies et vos oeuvres, si vous pratiquez la justice envers les uns et les autres, si vous n'opprimez pas l'étranger, l'orphelin et la veuve, si vous ne répandez pas en ce lieu le sang innocent, et si vous n'allez pas après d'autres dieux, pour votre malheur, alors je vous laisserai demeurer dans ce lieu, dans le pays que j'ai donné à vos pères, d'éternité en éternité. » (Jérémie 7:1-7).

Au lieu de permettre que le grand dessein de Dieu s'accomplisse en eux, au moyen du temple et de ses services, ce qu'ils firent, fut de pervertir complètement ce dessein. Au lieu de reconnaître que le temple et ses services avaient été placés parmi eux pour leur enseigner comment Dieu, en vérité, habiterait dans leur coeur et rendrait leur vie sainte, ils refusèrent cette vérité et s'en détournèrent pour laisser libre cours à leur perversité grossière et couvrir la plus profonde et insondable carence de sainteté.

Devant un tel état de choses, il n'y avait pas d'autre remède que la destruction. En conséquence, la cité fut assiégée et prise par les païens. Le temple, leur « maison sainte et glorieuse » fut détruit. La cité et le temple furent convertis en un monceau de ruines brûlées et noircies; le peuple fut emmené captif à Babylone, où malgré leur tristesse et le sentiment profond d'une perte immense, ils cherchèrent, trouvèrent et adorèrent le Seigneur d'une manière qui réforma tellement leur vie que s'ils avaient fait cela quand le temple existait, celui-ci n'aurait jamais été détruit. (Psaume 137:1-6).

Dieu fit revenir de Babylone un peuple humilié et réformé. Son saint temple fut reconstruit et les services restaurés. Le peuple put de nouveau habiter dans sa cité et son pays. Mais une fois de plus l'apostasie réapparut. Elle suivit un cours identique jusqu'à ce que, quand Jésus, le grand centre du temple et de tous ces services, vint parmi les siens, le même vieil état de chose continuait à prévaloir. (Matthieu 21:12-13; 23:13-32). Au plus profond de leur coeur, les Juifs furent capables de le persécuter et cherchèrent à le faire mourir, tandis qu'en apparence ils étaient si saints qu'ils s'abstinrent de « se souiller » en franchissant le seuil du prétoire de Pilate (Jean 18:28).

Et l'appel du Seigneur au peuple était encore le même que celui du passé : ils devaient trouver dans leur vie personnelle la signification du temple et de ses services, et être ainsi sauvés de la malédiction qui avait suivi leur nation tout au long de son histoire, à cause de la même grande erreur qu'ils étaient eux-mêmes en train de répéter. C'est pourquoi, un jour, dans le temple, Jésus dit : « Détruisez ce temple, et en trois jours je le relèverai. Les Juifs dirent : Il a fallu quarante-six ans pour bâtir ce temple, et toi, en trois jours tu le relèveras! » (Jean 2:19-21). Quand Jésus, dans le temple, parlait à ce peuple, faisant allusion au « temple de son corps », il s'efforçait encore, comme tout au long de leur histoire, de leur révéler que le sens véritable du temple et de ses services fut toujours que Dieu puisse marcher et habiter en eux, de la même façon qu'il demeurait dans le temple; Sa présence dans le temple convertissait ce lieu en un lieu saint : ainsi leurs corps seraient vraiment des temples du Dieu vivant, Dieu marchant et habitant en eux (2 Corinthiens 6:16; 1 Corinthiens 3:16, 17; Lévitique 26:11, 12; 2 Samuel 7:6, 7).

Mais ils ne comprenaient même pas cette vérité. Ils ne voulaient pas être réformés. Ils ne voulurent pas que le dessein du sanctuaire s'accomplisse en eux : que Dieu habite en eux. Ils rejetèrent Celui qui vint personnellement leur montrer le vrai but et le vrai chemin. Une fois de plus, il n'y avait pas d'autre remède à leur mal que la destruction! Leur cité fut encore une fois investie par des païens. Le temple aussi, leur « maison sainte et glorieuse » fut détruit par le feu. Une fois de plus, ils furent emmenés en captivité et pour toujours disséminés parmi les nations, « ils seront errants parmi les nations ». (Osée 9:17).

Il est nécessaire de souligner une fois de plus que le sanctuaire terrestre, le temple avec son ministère et ses services, n'était en soi qu'une figure du véritable, celui qui existait alors dans le ciel, avec son ministère et ses services. Quand le concept du sanctuaire fut présentée à Moïse pour la première fois, avant sa construction, le Seigneur lui dit : « Regarde, et fais d'après le modèle qui t'est montré sur la montagne. » (Exode 25:40). « Aie soin, lui fut-il dit, de faire tout d'après le modèle qui t'a été montré sur la montagne. » (Hébreux 8:5; Exode 26:30; 27:8). Le sanctuaire sur la terre, était donc, une représentation du véritable, une « image des choses qui sont dans les cieux. » (Hébreux 9:23-24).

Le véritable sanctuaire dont le terrestre était une représentation, l'original duquel celui-ci était un modèle existait alors... Mais dans les ténèbres et la confusion d'Égypte, Israël avait perdu la notion de ces choses et de plusieurs autres qui avaient été évidentes pour Abraham, Isaac et Jacob. Par cette leçon, Dieu voulait leur donner la connaissance du véritable sanctuaire. Il était « une figure » non dans le sens qu'il représentait quelque chose du futur qui n'existait pas encore, mais une leçon objective et une représentation visible de ce qui existait mais qui était invisible à leurs yeux, afin qu'ils exercent leur foi et leur vrai spiritualité qui les rendraient capables de voir l'invisible.

Par le moyen de tout ceci, Dieu était en train de leur révéler la même chose qu'à tout le peuple pour toujours, que c'est par le sacerdoce, le ministère et le service de Christ dans le véritable sanctuaire ou temple céleste qu'Il demeure parmi les hommes. Il leur révélait que par cette foi de Jésus, il est pourvu au pardon et à l'effacement des péchés des hommes et à l'expiation ou réconciliation, afin que Dieu habite en eux et marche au milieu d'eux, Lui étant leur Dieu et eux étant Son peuple; ils se trouvent ainsi séparés de tous les autres peuples qui sont sur la surface de la terre : séparés du monde pour Dieu comme Ses authentiques fils et filles pour être édifiés dans la perfection, dans la connaissance de Dieu. (2 Corinthiens 6:16-18; 7:1; Exode 33:15-16).

Chapitre 12—La Perfection

Le grand dessein du véritable sanctuaire, de son sacerdoce et de son ministère était que Dieu demeure dans les coeurs de son peuple. Maintenant, dans quel but veut-Il demeurer dans les coeurs? La réponse est : la perfection. La perfection morale et spirituelle de l'adorateur.

Remarquons une chose : dans la conclusion du 5e chapitre des Hébreux, immédiatement après la déclaration : « Christ, après avoir été élevé à la perfection, est devenu pour tous ceux qui lui obéissent l'auteur d'un salut éternel, Dieu l'ayant déclaré souverain sacrificateur selon l'ordre de Melchisédek », nous lisons dans Hébreux 6:1 : « C'est pourquoi », c'est-à-dire, en conséquence de, pour cette raison, « laissant les éléments de la parole de Christ, tendons à ce qui est parfait ».

Il est montré ensuite que la perfection est atteinte uniquement par le sacerdoce de Melchisédek. Et il est dit qu'il en fut toujours ainsi, et que le sacerdoce lévitique n'était que temporaire, et un type du sacerdoce de Melchisédek. Puis, à propos du sacerdoce lévitique, il est dit : « Si donc la perfection avait été possible par le sacerdoce lévitique... qu'était-il encore besoin qu'il parût un autre sacrificateur selon l'ordre de Melchisédek, et non selon l'ordre d'Aaron? » (Hébreux 7:11). Et plus loin : « car la loi n'a rien amené à la perfection, -- et introduction d'une meilleure espérance, par laquelle nous nous approchons de Dieu » (Verset 19).

À partir de ces déclarations inspirées, il est indiscutable que la perfection de l'adorateur est précisément ce qu'offre et assure le sacerdoce et le ministère du Christ.

Mais, ce n'est pas tout, car il est dit dans la description du sanctuaire et de ses services : « C'est une figure pour le temps actuel où l'on présente des offrandes et des sacrifices qui ne peuvent rendre parfait sous le rapport de la conscience. » Le grand défaut de ce service était qu'il ne pouvait pas rendre parfait. Donc, le grand thème et le dernier objectif du sacerdoce et du ministère de Christ dans le vrai sanctuaire peut et rend parfait celui qui, par la foi, entre dans le service.

Le service terrestre ne pouvait « rendre parfait sous le rapport de la conscience celui qui rend ce culte ». « Mais Christ est venu comme souverain sacrificateur des biens à venir; il a traversé le tabernacle plus grand et plus parfait, qui n'est pas construit de main d'homme, c'est-à-dire, qui n'est pas de cette création; et il est entré une fois pour toutes dans le sanctuaire, non avec le sang des boucs et des veaux, mais avec son propre sang, ayant obtenu une rédemption éternelle. » (Hébreux 9:11, 12). Ce sanctuaire, ce sacerdoce, ce sacrifice et ce ministère de Christ, tout ceci rend parfait dans une rédemption éternelle tous ceux qui par la foi entrent à son service, recevant ainsi ce que ce service a pour but de donner.

De plus, « si le sang des taureaux et des boucs, et la cendre d'une vache, répandue sur ceux qui sont souillés, sanctifient et procurent la pureté de la chair, combien plus le sang de Christ, qui, par un esprit éternel, s'est offert lui-même sans tache à Dieu, purifiera-t-il votre conscience des oeuvres mortes, afin que vous serviez le Dieu vivant! » (Hébreux 9:13, 14). Le sang des taureaux et des boucs, et la cendre d'une vache répandu sur ceux qui sont souillés, dans le service lévitique du sanctuaire terrestre, sanctifiaient pour la purification de la chair, selon ce que déclare la Parole. Et comme il en est ainsi, « combien plus le sang de Christ, lequel par un esprit éternel, s'est offert lui-même sans tache à Dieu », sanctifie pour la purification de l'esprit et purifiera « votre conscience des oeuvres mortes, afin que vous serviez le Dieu vivant ».

Que sont les oeuvres mortes? La mort elle-même est la conséquence du péché. Par conséquent, ces oeuvres mortes, sont celles qui portent le péché en elles. Alors, la purification de la conscience des oeuvres mortes est la purification complète de l'âme, la purification du péché, par le sang de Christ, par l'Esprit éternel, pour que dans la vie et les oeuvres du croyant en Jésus il n'y ait plus aucune place pour le péché; les oeuvres seront seulement des oeuvres de foi, et la vie, une vie de foi. C'est le vrai et pur service du Dieu vivant.

L'Écriture continue ainsi : « En effet, la loi qui possède une ombre des biens à venir, et non l'exacte représentation des choses, ne peut jamais, par les mêmes sacrifices qu'on offre perpétuellement chaque année, amener les assistants à la perfection. Autrement, n'aurait-on pas cessé de les offrir, parce que ceux qui rendent ce culte étant une fois purifiés, n'auraient plus eu aucune conscience de leurs péchés? Mais le souvenir des péchés est renouvelé chaque année par ces sacrifices; car il est impossible que le sang des taureaux et des boucs ôte les péchés » (Hébreux 10:1-4).

Une fois de plus, nous voyons que si la perfection était le but du ministère accompli sous la loi, elle n'était pas atteinte par aucune de ces célébrations. Tout ceci n'était qu'une figure pour le temps présent, du ministère et sacerdoce de Christ par lequel la perfection est obtenue. Ces sacrifices ne pouvaient pas amener à la perfection ceux qui les pratiquaient. Le véritable sacrifice et le véritable ministère, dans le sanctuaire céleste, doit amener à la perfection. Et cette perfection des adorateurs consiste en ce qu'ils n'aient plus « aucune conscience de leurs péchés ».

Mais puisqu'il n'est pas possible que le sang des taureaux et des boucs ôte les péchés, il n'était pas possible, que ces sacrifices, offerts année après année, continuellement, purifient les fidèles au point qu'ils n'aient plus conscience de leurs péchés. Le sang des taureaux et des boucs, et la cendre d'une vache répandue sur ceux qui sont souillés sanctifient et procurent la pureté de la chair, mais de la chair seulement; et ceci « était une figure pour le temps présent », une figure du sang de Christ qui purifie réellement les adorateurs, afin qu'ils n'aient plus conscience des péchés.

« C'est pourquoi Christ, entrant dans le monde, dit : Tu n'as voulu ni sacrifice ni offrande, mais tu m'as formé un corps; tu n'as agréé ni holocaustes ni sacrifices pour le péché. Alors, j'ai dit : Voici, je viens pour faire, ô Dieu, ta volonté. Il abolit ainsi la première chose pour établir la seconde. » (Hébreux 10:5-9).

Ici, deux choses sont mentionnées : la « première » et la « seconde ». Quelles sont-elles? Qu'est-ce que la première et qu'est-ce que la seconde? Les deux choses qui sont citées sont le sacrifice, l'offrande, l'holocauste et l'expiation pour le péché, tout ceci constituant la « première ». Et la « seconde » est « ta volonté » (la volonté de Dieu). « Il abolit ainsi la première chose pour établir la seconde », c'est-à-dire, il quitta le sacrifice, l'offrande et l'expiation pour le péché, afin d'établir la volonté de Dieu. Or, « ce que Dieu veut, c'est votre sanctification » et votre perfection (1 Thessaloniciens 4:3; Matthieu 5:48; Éphésiens 4:8, 12, 13; Hébreux 13:20-21). Mais ceci ne pouvait jamais être obtenu par les sacrifices, les offrandes et les holocaustes du sacerdoce lévitique. Ils ne pouvaient pas rendre la conscience parfaite. Ils ne pouvaient pas purifier parfaitement les adorateurs afin qu'ils n'aient plus aucune conscience du péché.

Par conséquent, puisque la volonté du Dieu réside dans la sanctification et la perfection des fidèles, puisque la volonté de Dieu est que les adorateurs soient purifiés au point de ne plus avoir conscience du péché et puisque le service et les offrandes terrestres ne pouvaient atteindre ce but, il abolit tout cela pour établir la volonté de Dieu. « C'est en vertu de cette volonté que nous sommes sanctifiés, par l'offrande du corps de Jésus-Christ, une fois pour toutes. »

« Ce que Dieu veut, c'est votre sanctification ». La sanctification est la véritable observation de tous les commandements de Dieu. En d'autres termes, la volonté de Dieu quant à l'homme, est que la volonté divine trouve son parfait accomplissement en lui. La volonté de Dieu est exprimée dans la loi des dix commandements, qui est « ce que doit tout homme ». La loi est parfaite, et la perfection de caractère est la parfaite expression de cette loi dans la vie de celui qui adore Dieu. Par la loi vient la connaissance du péché. « Tous ont péché et sont privés de la gloire de Dieu ». Ils sont privés de Sa perfection de caractère.

Les sacrifices et le service du sanctuaire terrestre ne pouvaient ôter les péchés de l'homme, aussi, ils ne pouvaient l'amener à cette perfection. Mais le sacrifice et le ministère du vrai Grand Prêtre du sanctuaire et du véritable tabernacle, peuvent le faire. Ils ôtent complètement tout péché. Et l'adorateur est purifié de telle façon qu'il n'a plus conscience des péchés. Par son sacrifice, son offrande et son service, Christ abolit les sacrifices, les offrandes et le service qui ne pouvait jamais aboutir à l'enlèvement des péchés, et par l'accomplissement parfait de la volonté parfaite de Dieu, il établit cette dernière. Et c'est par « cette volonté, nous sommes sanctifiés, par l'offrande de Jésus-Christ, une fois pour toutes (Hébreux 10:10).

Dans ce premier sanctuaire et service terrestres, « tout sacrificateur fait chaque jour le service et offre souvent les mêmes sacrifices, qui ne peuvent jamais ôter les péchés », mais Christ « après avoir offert un seul sacrifice pour les péchés, s'est assis pour toujours à la droite de Dieu, attendant désormais que ses ennemis soient devenus son marchepied. Car, par une seule offrande, il a amené à la perfection pour toujours ceux qui sont sanctifiés. » (Hébreux 10:11-14).

Cette perfection est atteinte sur tous les plans par le sacrifice et le sacerdoce de Christ à la droite du trône de la majesté divine dans les cieux, officiant dans le véritable tabernacle construit par le Seigneur et non par l'homme. « C'est ce que le Saint-Esprit nous atteste aussi; car, après avoir dit : Voici l'alliance que je ferai avec eux, après ces jours-là, dit le Seigneur : Je mettrai mes lois dans leurs coeurs, je les écrirai dans leur esprit, il ajoute : Et je ne me souviendrai plus de leurs péchés ni de leurs iniquités. Or, là où il y a pardon des péchés, il n'y a plus d'offrande pour le péché. » (Hébreux 10:15-18).

Et ceci est « la route nouvelle et vivante » que Jésus « a inauguré pour nous ... au travers de sa chair ». pour tout le genre humain; et par lui, chaque âme peut pénétrer dans le saint des saints, la plus sainte de toute les expériences, la plus sainte de toutes les relations, la vie la plus sainte. Cette route nouvelle et vivante Il nous la consacra par Sa chair. C'est-à-dire, en venant dans la chair, en S'identifiant Lui-même à la race humaine dans la chair, Il consacra pour nous qui sommes dans la chair, une route qui va de l'endroit où nous sommes jusqu'au lieu où il se trouve actuellement, à la droite du trône de la Majesté, dans les cieux, dans le saint des saints.

En vivant dans la chair -- ayant été rendu semblable en toutes choses à nous, et ayant été tenté comme toute âme humaine, précisément dans la situation actuelle de celle-ci. Et depuis le lieu où cette âme se trouve, il consacra pour elle une route nouvelle et vivante à travers les vicissitudes et les expériences de toute une vie, la mort et la tombe incluses, jusqu'au saint des saints, pour toujours à la droite de Dieu.

Oh! quel chemin consacré, consacré par ses tentations et ses souffrances, par ses prières et ses supplications, avec de grands cris et des larmes, par Sa vie sainte et Sa mort sacrificielle, par Sa résurrection victorieuse et Son ascension glorieuse, et par Son entrée triomphante dans le saint des saints, à la droite du trône de la Majesté dans les cieux!

Et cette « route » Il la consacra pour nous. S'étant fait l'un de nous, Il fit nôtre ce chemin; il nous appartient. Il a donné à toute âme le droit divin de transiter par cette voie consacrée; et l'ayant parcourue lui-même dans la chair -- dans notre chair -- Il a rendu possible, et nous a donné la sécurité, que toute âme humaine peut marcher par Lui, à travers tout ce que ce chemin signifie; et par Lui, accéder pleinement et librement au saint des saints.

Lui, comme l'un de nous, dans notre nature humaine, faible comme nous, chargé des péchés du monde, dans notre chair pécheresse, dans ce monde, pendant toute une vie, fut « saint, innocent, sans tache, séparé des pécheurs », et « plus élevé que les cieux ». Et ainsi, Il ouvrit et consacra une route par laquelle, en lui, tout croyant peut, dans ce monde et durant toute la vie, vivre une vie sainte, innocente, pure et séparée des pécheurs, et en conséquence être fait avec lui, plus élevé que les cieux.

La perfection, perfection de caractère, est le but chrétien -- perfection atteinte dans la chair humaine de ce monde, inaugurant et consacrant ainsi une voie que tout croyant peut atteindre en Lui. Après l'avoir obtenu, il devint notre Souverain Sacrificateur dans le sacerdoce du véritable sanctuaire, pour que nous puissions l'obtenir.

L'objectif du chrétien est la perfection. Le ministère du souverain sacerdoce de Christ dans le vrai sanctuaire est l'unique voie par laquelle toute âme peut atteindre ce véritable but, dans ce monde. « Ô Dieu! ta voie est dans ton sanctuaire ». [Version K. J.] (Psaume 77:13).

« Ainsi donc, frères, puisque nous avons, au moyen du sang de Jésus, une libre entrée dans le sanctuaire par la route nouvelle et vivante qu'il a inaugurée pour nous au travers du voile, c'est-à-dire, de sa chair, et puisque nous avons un souverain sacrificateur établi sur la maison de Dieu, approchons-nous avec un coeur sincère, dans la plénitude de la foi, les coeurs purifiés d'une mauvaise conscience, et le corps lavé d'une eau pure. » Et « retenons fermement la profession de notre espérance, car celui qui a fait la promesse est fidèle. »

« Vous ne vous êtes pas approchés d'une montagne qu'on pouvait toucher et qui était embrasée par le feu, ni de la nuée, ni des ténèbres, ni de la tempête, ni du retentissement de la trompette, ni du bruit des paroles, tel que ceux qui l'entendirent demandèrent qu'il ne leur en fût adressé aucune de plus... Mais vous vous êtes approchés de la montagne de Sion, la cité du Dieu vivant, la Jérusalem céleste, des myriades qui forment le choeur des anges, de l'assemblée des premiers-nés inscrits dans les cieux, du juge qui est le Dieu de tous, des esprits des justes parvenus à la perfection, de Jésus qui est le médiateur de la nouvelle alliance, et du sang de l'aspersion qui parle mieux que celui d'Abel. »

Aussi, « gardez-vous de refuser d'entendre celui qui parle; car si ceux-là n'ont pas échappé qui refusèrent d'entendre celui qui publiaient des oracles sur la terre, combien moins échapperons-nous, si nous nous détournons de celui qui parle du haut des cieux. » (Hébreux 12:18, 19, 22-25).

Chapitre 13—La Transgression Et L'abomination De La Désolation

Tels sont le sacrifice, le sacerdoce et le ministère de Christ dans le sanctuaire et le véritable tabernacle que le Seigneur érigea, et non un homme. Telle est la constatation du livre des Hébreux sur la vérité, le mérite et l'efficacité du sacrifice, du sacerdoce, du sanctuaire et du ministère de Christ.

Mais ce n'est pas seulement dans cette épître que se trouve cette grande vérité. Bien qu'elle ne soit pas aussi clairement démontrée ailleurs que dans ce livre, elle est présente dans tout le Nouveau Testament, aussi certainement que le sanctuaire terrestre et ses services lévitiques étaient présents dans tout l'Ancien Testament, bien qu'elle ne soit pas exposée de façon aussi directe que dans les livres de l'Exode et du Lévitique.

Dans le dernier libre du Nouveau Testament, dès le premier chapitre, on voit « quelqu'un qui ressemblait à un fils d'homme », revêtu du vêtement du souverain sacrificateur. Au milieu du trône, des chérubins et des vieillards, on voyait un agneau « qui était là comme immolé », et aussi un autel d'or et quelqu'un avec un encensoir d'or offrant l'encens qui montait devant Dieu avec les prières des saints. Il y avait aussi les sept lampes ardentes devant le trône. « Et le temple de Dieu dans le ciel fut ouvert, et l'arche de son alliance apparut dans son temple. » Alors, il est dit et promis que « ceux qui ont part à la première résurrection » et sur qui « la seconde mort n'a point de pouvoir ... seront sacrificateurs de Dieu et de Christ, et ils régneront avec Lui pendant mille ans. » Et quand le premier ciel et la première terre auront disparu et que leur place ne sera plus trouvée, le nouveau ciel et la nouvelle terre viendront avec la sainte cité descendant du ciel d'auprès de Dieu, le tabernacle de Dieu avec les hommes; et Lui « habitera avec eux, et ils seront son peuple, et Dieu lui-même sera avec eux. Il essuiera toute larme de leurs yeux et la mort ne sera plus, et il n'y aura plus ni deuil, ni cri, ni douleur, car les premières choses ont disparu. » Alors, et pas avant cela, il est déclaré : « Je ne vis point de temple dans la ville. »

Il est aussi certain qu'il y avait un sacerdoce, un ministère sacerdotal, et un sanctuaire dans cette dispensation, qu'il y en avait un dans l'ancienne; bien qu'il existait un sanctuaire, un sacerdoce et un ministère dans l'ancienne dispensation, ils n'étaient qu'une figure pour ce temps présent, une figure de celui qui est actuellement le véritable, et qui est dans le ciel.

Ce véritable sacerdoce, ce ministère et ce sanctuaire de Christ dans le ciel, apparaissent si clairement dans le Nouveau Testament, que personne ne peut le nier. Cependant, et c'est une chose surprenante, nous y pensons rarement; ils sont méconnus, et même difficilement acceptés par le monde chrétien d'aujourd'hui.

Pourquoi cela et comment en est-on arrivé là ? Il y a une raison. Les Écritures l'indiquent, et les faits le démontrent.

Dans le chapitre 7 du livre de Daniel, le prophète contemple la vision des quatre vents des cieux faisant irruption sur la grande mer, et « quatre grands animaux sortirent de la mer, différents l'un de l'autre. Le premier était semblable à un lion et avait des ailes d'aigle »; il symbolisait le royaume de Babylone. Le second « était semblable à un ours, et se tenait sur un côté; il avait trois côtes dans la gueule entre les dents »; il symbolisait le royaume uni des Mèdes et des Perses. Le troisième « était semblable à un léopard, et avait sur le dos quatre ailes comme un oiseau ... et avait quatre têtes ». Il représentait l'empire mondial de Grèce sous Alexandre le Grand. Le quatrième animal était « terrible, épouvantable et extraordinairement fort; il avait de grandes dents de fer, il mangeait, brisait, et il foulait aux pieds ce qui restait; il était différent de tous les animaux précédents, et il avait dix cornes. » Ce quatrième animal symbolisait l'empire mondial de Rome, différent de tous ceux qui le précédèrent car, à l'origine, il n'était pas un royaume ou une monarchie, mais une république. Les dix cornes symbolisaient dix royaumes implantés à l'ouest du territoire de Rome quand l'empire fut anéanti.

Alors le prophète dit : « Je considérais les cornes, et voici, une autre petite corne sortit du milieu d'elles, et trois des premières cornes furent arrachées devant cette corne; et voici, elle avait des yeux comme des yeux d'homme, et une bouche qui parlait avec arrogance ». Le prophète contemple et considère cette petite corne jusqu'à ce que « les juges s'assirent, et les livres furent ouverts ». Et quand les juges s'assirent et que les livres furent ouverts, il dit : « Je regardai alors, à cause des paroles arrogantes que prononçait la corne; et tandis que je regardais, l'animal fut tué, et son corps fut anéanti, livré au feu pour être brûlé. »

Observez le changement remarquable dans l'expression de cette dernière affirmation. Le prophète contemple la petite corne depuis son apparition, jusqu'au moment où « les juges s'assirent, et les livres furent ouverts ». Daniel contempla la petite corne à ce moment-là; et surtout « à cause des paroles arrogantes que prononçait la corne ». Et il continua à regarder cette même scène -concernant cette même petite corne jusqu'à la fin, jusqu'à sa destruction. Mais quand celle-ci arriva, l'expression qui décrit sa destruction ne dit pas que la petite corne fut anéantie ou détruite, mais que « l'animal fut tué, et son corps fut anéanti, livré au feu pour être brûlé ».

Ceci démontre que la petite corne est une autre phase du quatrième animal, si terrible et épouvantable, et dont la petite corne est la continuation, dans sa disposition d'esprit et ses desseins, avec seulement une variante. Et comme le quatrième empire mondial, la bête épouvantable et terrible dans sa forme primitive, était Rome, ainsi aussi, la petite corne, dans ses actes, n'est que la continuation de Rome : le même esprit et les mêmes oeuvres que Rome.

L'explication donnée sur le thème, dans le même chapitre confirme ce qui a été énoncé. En effet, il est dit de cette petite corne qu'elle était différente des autres, qu'elle « prononcera des paroles contre le Très-Haut, [il] opprimera les saints du Très-Haut, et [il] espérera changer les temps et la loi. » Il est dit également qu'elle fera «la guerre aux saints, et l'emportera sur eux, jusqu'au moment où l'Ancien des Jours vint donner droit aux saints du Très-Haut, et le temps arriva où les saints furent en possession du royaume ». Tout cela est vrai et décrit la dernière Rome du début à la fin.

Et c'est Rome elle-même qui le confirme. Léon le Grand fut pape de 440 à 461, précisément à la fin du premier empire romain, alors sur le déclin. Et ce pape déclara dans un sermon que le premier empire romain n'était que la promesse du second; que les gloires du premiers seraient reproduites dans la Rome catholique; que Romus et Romulus ne furent que les précurseurs de Pierre et Paul; que les successeurs de Romulus étaient, par conséquent, les précurseurs des successeurs de Pierre; que, comme la première Rome avait gouverné le monde, la deuxième serait aussi à la tête du monde, par l'intermédiaire du siège de Pierre saint et béni. Cette conception de Léon le Grand ne fut jamais perdue de vue par la papauté. Et lorsque, quinze ans plus tard, l'empire romain avait péri en tant que tel, et que seule la papauté avait survécu à la ruine, prenant fermement la place et le pouvoir de Rome, cette conception de Léon ne fit que s'affirmer et fut soutenue et proclamée plus ouvertement.

Cette conception était aussi délibérément et systématiquement développée. Les Écritures furent assidûment étudiées et ingénieusement perverties afin de soutenir cette idée. Par une interprétation perverse du système lévitique de l'Ancien Testament, l'autorité et l'éternité de la prêtrise romaine fut pratiquement établie.

Et maintenant, au moyen de déductions tendancieuses, « à partir du Nouveau Testament, l'autorité et l'éternité de Rome elle-même étaient soutenues. »

Sous le prétexte qu'elle est la continuation de la Rome originelle, elle applique à elle-même le titre que le Nouveau Testament assigne à l'autorité de la Rome originelle. En conséquence, là où le Nouveau Testament conseille la soumission aux « pouvoirs » en place et l'obéissance aux « gouverneurs », elle s'attribue ces titres, estimant qu'elle seule les détient de Rome à l'origine.

« Tous les textes qui contenaient un impératif à se soumettre aux puissances; tous les passages dans lesquels l'ordre était donné d'obéir aux autorités de la nation, attirant surtout l'attention sur le fait que Christ lui-même sanctionna la domination romaine à pacifier le monde par Auguste, en naissant à une époque où on payait les impôts, comme ceux qu'il paya lui-même à César, et en disant à Pilate : "Tu n'aurais sur moi aucun pouvoir, s'il ne t'avait été donné d'en haut", tous ces passages furent utilisés. » Bryce. Et comme Christ, reconnu l'autorité de Pilate, qui était le représentant de Rome, qui oserait dédaigner l'autorité du pape, authentique continuation de cette autorité à laquelle le Seigneur du ciel se soumit !

Et ce ne fut que l'aboutissement logique de cette présomption, qui poussa le pape Boniface VIII à se présenter aux yeux de la multitude, revêtu d'une cuirasse, un casque sur la tête et, brandissant une épée, il proclama : « Il n'y a pas d'autre César, ni roi, ni empereur que moi, le souverain pontife et successeur des apôtres ». Et plus tard, il affirma ex cathedra : « Par conséquent, nous précisons et proclamons, qu'il est nécessaire, pour être sauvé, de croire que chaque être humain est un sujet du pontife de Rome. »

Ceci prouve suffisamment que la petite corne du 7e chapitre de Daniel est la Rome papale et qu'elle a bien l'intention, par son esprit et son dessein, de suivre les traces du premier empire romain.

Dans le chapitre 8 de Daniel, ce sujet est encore repris; premièrement, dans une vision, le prophète voit un bélier avec deux cornes très proéminentes, mais l'une plus que l'autre, qui correspond à l'ours se tenant sur un côté. L'ange dit : Ce sont les Mèdes et les Perses. Ensuite, le prophète voit un bouc venant de l'Ouest, parcourant la surface de toute la terre et ne touchant pas le sol. Il avait une grande corne entre les yeux. Il renversa le bélier, cassa ses deux cornes, le jeta par terre et le foula aux pieds et il n'y eut personne qui pouvait délivrer le bélier de sa main. L'ange déclare que « le bouc, c'est le roi de Javan [la Grèce]. La grande corne entre ses yeux, c'est le premier roi. » Le bouc devint très grand puis la grande corne fut brisée et quatre cornes importantes s'élevèrent à sa place, en direction des quatre vents des cieux. L'ange expliqua que ce sont « quatre royaumes qui s'élèveront de cette nation, mais n'auront par autant de force [qu'Alexandre]. »

À partir de l'une des divisions de l'empire d'Alexandre le Grand, le prophète vit « que de l'une d'elles sortit une petite corne, qui s'agrandit beaucoup vers le midi, vers l'orient et vers le plus beau des pays ». Les références géographiques indiquent que ce pouvoir monte et devient excessivement grand vers l'ouest. L'ange explique qu'à « la fin de leur domination [des quatre divisions de la Grèce], lorsque les pécheurs seront consumés, il s'élèvera un roi impudent et artificieux. Sa puissance s'accroîtra, mais non par sa propre force; il fera d'incroyables ravages; ils réussira dans ses entreprises; il détruira les puissants et le peuple des saints. À cause de sa prospérité et du succès de ses ruses, il aura de l'arrogance dans le coeur; il fera périr beaucoup d'hommes qui vivaient paisiblement, et il s'élèvera contre le Chef des chefs [Elle s'éleva jusqu'au chef de l'armée des cieux, (verset 11)]; mais il sera brisé, sans l'effort d'aucune main. ».

Ces diverses descriptions montrent bien que la petite corne du 8e chapitre de Daniel représente Rome au moment de son essor, après la destruction de l'empire grec, jusqu'à la fin du monde, quand « il sera brisé sans le secours d'aucune main » par cette pierre détachée de la montagne qui « brisera et anéantira tous ces royaumes » terrestres (Daniel 2:34, 35, 44, 45).

Dans le 7e chapitre de Daniel, nous avons vu que la petite corne symbolisait seulement la deuxième phase de Rome; cependant nous pouvons dire qu'elle représente cette puissance dans ses deux phases, Rome du commencement à la fin. Car lorsque le temps arrive où la « petite corne » est détruite, c'est vraiment « la bête » effroyable qui « est tuée, et son corps fut anéanti, livré au feu pour être brûlé ». Ainsi, le thème avec lequel s'achève l'histoire de la petite corne, dans Daniel 7, se poursuit dans Daniel 8, en référence au même pouvoir. Dans Daniel 8, l'expression « petite corne » englobe en réalité la totalité des deux phases de Rome, comme cela est montré par les expressions « abomination du dévastateur » et « le péché dévastateur » appliquées à Rome dans ces deux états successifs (Daniel 9:26, 27; Matthieu 24:15; Daniel 11:31; 12:11; 8:11, 13); et cela est confirmé par l'enseignement et l'histoire de la deuxième phase de Rome. Tout cela forme une unité, si ce n'est que dans la seconde partie les éléments de la première partie sont intensifiés.

Considérons maintenant, avec plus d'attention, les expressions bibliques de Daniel 8, concernant la puissance de cette petite corne. Dans les versets 11 et 25, il est dit de son pouvoir : « Elle s'éleva jusqu'au chef de l'armée, lui enleva le sacrifice perpétuel, et renversa le lieu de son sanctuaire. » « À cause de sa prospérité et du succès de ses ruses, il aura de l'arrogance dans le coeur, il fera périr beaucoup d'hommes qui vivaient paisiblement et il s'élèvera contre le chef des chefs; mais il sera brisé, sans l'effort d'aucune main. » Ceci est expliqué dans 2 Thessaloniciens chapitre 2, où l'apôtre Paul, rectifiant des fausses impressions concernant le retour immédiat du Seigneur, dit ceci: « Que personne ne vous séduise d'aucune manière; car il faut que l'apostasie soit arrivée auparavant, et qu'on ait vu paraître l'homme du péché, le fils de la perdition, l'adversaire qui s'élève au-dessus de tout ce qu'on appelle Dieu ou ce qu'on adore, jusqu'à s'asseoir dans le temple de Dieu, se proclamant lui-même Dieu. Ne vous souvenez-vous pas que je vous disais ces choses lorsque j'étais encore chez vous? » (versets 3 à 5).

Ce passage décrit clairement le même pouvoir représenté par la petite corne dans Daniel 8. Mais d'autres considérations y sont ajoutées. Il est dit que lorsque l'apôtre était à Thessalonique avec les frères, il leur avait déjà parlé de ces choses qu'il leur écrivait maintenant. Dans Actes 17:1-3, nous trouvons le rapport de Paul concernant sa visite aux Thessaloniciens, comme suit : « Paul et Silas passèrent par Amphipolis et Apollonie et ils arrivèrent à Thessalonique, où les Juifs avaient une synagogue. Paul y entra, selon sa coutume. Pendant trois Sabbats, il discuta avec eux, d'après les Écritures. » C'est alors qu'il leur parla de cette apostasie qui devait arriver et serait la révélation de l'homme de péché, le mystère de l'iniquité, le fils de la perdition, qui s'opposera lui-même à Dieu et s'exaltera au-dessus de tout ce qu'on appelle Dieu ou qu'on adore, se plaçant lui-même à la place de Dieu et se faisant adorer.

Comme Paul discutait avec les Thessaloniciens selon les Écritures, dans quel livre des Écritures pouvait-il trouver la révélation de ce qu'il disait? Dans Daniel 8. Et il le leur dit, étant avec eux. Effectivement, dans le chapitre 8 de Daniel se retrouvent les expressions employées dans 2 Thessaloniciens: « Ne vous souvenez-vous pas, que je vous disais ces choses lorsque j'étais encore chez vous? » Ceci montre que les prédictions de Daniel se réaliseront après les jours des apôtres quand Rome s'élève elle-même « jusqu'au chef de l'armée », contre "le Chef des chefs" et rattache cet événement avec la chute ou l'apostasie que développe la papauté, la deuxième phase de l'empire romain.

En lisant les versets 11 et 12 de Daniel 8, nous comprendrons mieux que c'est là que Paul trouva ce qu'il enseigna aux Thessaloniciens concernant « l'homme de péché » et le « mystère de l'iniquité » [la petite corne, l'homme de péché]. « Elle s'éleva jusqu'au chef de l'armée, lui enleva le sacrifice perpétuel, et renversa le lieu de son sanctuaire. Et l'armée fut livrée avec le sacrifice perpétuel, à cause du péché; la corne jeta la vérité par terre, et réussit dans ses entreprises. »

Ceci montre clairement le responsable de l'annulation du sacerdoce, le ministère et le sanctuaire de Dieu et des chrétiens.

Lisons encore: « [la petite corne, l'homme de péché] s'éleva jusqu'au chef de l'armée [le Chef des chefs, Christ] lui enleva le sacrifice perpétuel, [le service quotidien, le ministère et le sacerdoce de Christ] et renversa le lieu de son sanctuaire [le sanctuaire du Chef de l'armée, le Chef des chefs]. Et l'armée fut livrée avec le sacrifice perpétuel, à cause du péché; la corne jeta la vérité par terre, et réussit dans ses entreprise. »

C'est à cause du péché ou transgression, que l'armée fut livrée et que la vérité fut jetée par terre et piétinée, pour éloigner de l'Église et du monde, la prêtrise de Christ, le sanctuaire et son ministère dans le ciel. C'est à cause du péché ou transgression que cela arriva. Or, la transgression est le péché. C'est en s'appuyant sur cette révélation ou considération que Paul a défini, dans l'épître aux Thessaloniciens, ce pouvoir comme étant « l'homme de péché, le mystère d'iniquité ».

Dans Daniel 8:11 à 13; 11:31 et; 12:11, certains traducteurs de la Bible ajoutèrent le mot « sacrifices » (qui ne figure pas dans l'original) avant le terme « continu » ou « quotidien » [ou « perpétuel » dans la Bible Segond, 1979]. Le « quotidien » ou « perpétuel », correspondant à l'original en hébreux tamid, ne se réfère pas au sacrifice quotidien comme on pourrait le croire. Le mot tamid signifie en réalité: « continuel », « constant », « stable », « sûr », « permanent ». Ces mots expriment la pensée de l'original qui, dans ce texte, est traduit par « quotidien ». Dans Nombres 28 et 29, ce mot est employé 17 fois en rapport avec le service continu du sanctuaire.

C'est à ce service permanent de Christ, le véritable Souverain Sacrificateur, qui « demeure éternellement », « qui est parfait, pour l'éternité », assumant « un sacerdoce intransmissible », et c'est ce service continu de notre Grand Souverain Sacrificateur que l'homme de péché, la papauté, enleva. C'est le sanctuaire et le vrai tabernacle dans lequel le véritable Souverain Sacrificateur exerce son ministère continu, que « le péché dévastateur » jette à terre. C'est ce ministère et ce sanctuaire que « l'homme de péché » élimina de l'église et du monde, en le renversant et en le foulant aux pieds et y plaça « l'abomination du dévastateur ». Ce que la première Rome a fait physiquement au sanctuaire visible et terrestre, qui était une figure du véritable (Daniel 9:26, 27; Matthieu 24:15), la Rome postérieure l'a fait spirituellement au sanctuaire invisible et céleste, qui est le véritable (Daniel 11:31; 12:11; 8:11 et 13).

Nous avons vu précédemment, que les évêques, les anciens, les diacres et l'eucharistie devaient se substituer au Souverain Sacrificateur, aux sacrificateurs, aux Lévites et aux sacrifices du système lévitique. Cependant, les Écritures montrent que le dessein de Dieu, est que Christ, son ministère et le sanctuaire céleste, -- véritable objectif du système lévitique -- soient la seule et authentique succession chrétienne de ce système lévitique. Ainsi donc, quand Rome prétendit remplacer les souverains sacrificateurs par les évêques, les sacrificateurs par les prêtres, les lévites par les diacres et le sacrifice par la sainte communion, en réalité, en introduisant ce système comme succession chrétienne au lévitique, elle ne fit rien d'autre que d'établir ce faux système d'apostasie à la place du véritable, en l'annulant complètement, pour finalement le jeter au sol et le piétiner.

Et c'est ainsi que cette grande vérité chrétienne de l'authentique sacerdoce, ministère et sanctuaire de Christ, est devenu pratiquement inconnu du monde chrétien d'aujourd'hui. « L'homme de péché » l'a enlevée, l'a jetée par terre et l'a piétinée. Le « mystère d'iniquité » a caché cette grande vérité à l'Église et au monde durant toutes ces années pendant lesquelles l'homme de péché a prétendu être Dieu, et son armée inique l'Église de Dieu.

Cependant, « l'homme de péché » lui-même, le « mystère de l'iniquité » donne le témoignage de la nécessité d'un tel service dans l'église, à cause des péchés. Bien que « l'homme de péché » ou « le mystère de l'iniquité » ait fait disparaître le véritable sacerdoce et ministère du Christ et le service du sanctuaire, en les jetant à terre, et en les cachant totalement aux yeux du monde chrétien, l'idée n'a pas été totalement rejetée. Non. Il ôta le véritable et le jeta à terre, mais il retint l'idée, et établit, dans son propre sein, une structure totalement fausse au lieu de l'authentique.

Christ, le véritable et divin Souverain Sacrificateur désigné par Dieu lui-même dans le ciel, fut substitué par un sacerdoce humain, pécheur et coupable sur la terre. À la place du ministère perpétuel (ou continu) et céleste de Christ dans son vrai sacerdoce, basé sur son vrai sacrifice, on a établi un ministère discontinu et terrestre au moyen d'un sacerdoce coupable et pécheur, dans le sacrifice quotidien de la messe (offerte une fois par jour). Et au lieu du sanctuaire et véritable tabernacle, que le Seigneur a bâti, et non un homme, il a érigé des lieux de réunion de bois et de pierre portant le nom de « sanctuaire ». Ainsi, au lieu d'un Souverain Sacrificateur permanent exerçant un ministère permanent et un sacerdoce céleste continu, selon la volonté de Dieu, seuls véritables, on a mis en place plusieurs grands prêtres, de nombreux ministres, des sacrifices et plusieurs sanctuaires sur la terre, qui dans le meilleur des cas ne sont qu'humains et le comble de la falsification.

Et ces pratiques ne peuvent jamais ôter le péché. Aucun sacerdoce, ministère, service ou sacrifice terrestre ne peuvent jamais enlever le péché. Nous avons vu dans l'épître aux Hébreux que même le ministère, le sacerdoce, le sacrifice et le service du sanctuaire terrestre -- que le Seigneur lui-même institua sur la terre -- ne pouvaient ôter le péché. Les Écrits inspirés nous disent qu'ils n'avaient jamais enlevé le péché, et qu'ils ne pourraient jamais le faire.

Seuls le sacerdoce et le ministère de Jésus peuvent enlever le péché. C'est un sacerdoce et un ministère célestes qui appartiennent à un sanctuaire céleste. Parce que lorsque Christ était sur la terre, il n'était pas sacrificateur. Et s'il était resté sur la terre jusqu'à cette heure, il ne le serait pas non plus, selon qu'il est écrit: « S'il était sur la terre, il ne serait pas même sacrificateur, puisque là sont ceux qui présentent les offrandes selon la loi » (Hébreux 8:4). Ainsi, Dieu a démontré, par un enseignement clair et une abondante illustration, qu'aucun sacerdoce, ministère et sacrifice terrestres ne peuvent ôter le péché.

Si quelqu'un avait pu le faire, ne serait-ce pas alors par les ordonnances données par Dieu sur la terre? Et si celui-ci avait pu vraiment quitter le péché, quelle nécessité y avait-il de transférer le sacerdoce et le ministère, de la terre au ciel? Nous voyons donc, selon la parole claire du Seigneur, que le sacerdoce, le ministère, le sacrifice et le sanctuaire que la papauté a institués, et qui agit sur la terre, ne peuvent jamais enlever le péché, mais au contraire le perpétuer. C'est une imposture, une supercherie et la véritable « transgression » et « abomination de la désolation » dans le lieu très saint.

Cette conclusion et constatation de ce qu'est réellement le système papal n'est ni outrée ni forcée mais confirmée par ces mots du Cardinal Baronius, analyste officiel de la papauté. En se référant au Xe siècle, il écrivit : « Dans ce siècle, on vit l'abomination de la désolation dans le temple du Seigneur; et sur le siège de Saint Pierre, révéré par les anges, furent placés les hommes les plus corrompus, non pas des pontifes mais des monstres. » Et le concile de Reims, en 991, déclara que la papauté était « l'homme de péché, le mystère de l'iniquité ».

Chapitre 14—Quand le mystère de Dieu s'accomplira

Cette imposture, Dieu merci, ne durera pas toujours. Cette grande vérité du sacerdoce, du ministère et du sacrifice chrétiens ne doit pas être cachée pour toujours aux yeux de l'Église et du monde. Le mystère de l'iniquité s'éleva et cacha ainsi au monde le mystère de Dieu, afin que « toute la terre fut dans l'admiration derrière la bête » (Apocalypse 13:3, 4). Mais le jour arrive où le mystère de l'iniquité sera démasqué, et le mystère de Dieu brillera à nouveau dans toute la splendeur de sa vérité et sa pureté, pour ne plus jamais être caché, et pour réaliser le dessein de Dieu jusqu'à Son achèvement. Car il est écrit « qu'aux jours de la voix du septième ange, quand il sonnerait de la trompette, le mystère de Dieu s'accomplirait, comme il l'a déclaré à ses serviteurs, les prophètes » (Apocalypse 10:7).

Aux jours de Christ et des apôtres, le mystère de Dieu fut révélé dans une plénitude jamais connue auparavant, et il fut prêché à « toutes les nations, afin qu'elles obéissent à la foi » (Romains 16:25, 26). Depuis le commencement du monde jusqu'à cette époque, ce « mystère caché de tout temps en Dieu », « dans tous les âges, mais révélé maintenant à ses saints, à qui Dieu a voulu faire connaître quelle est la glorieuse richesse de ce mystère parmi les païens, savoir : Christ en vous, l'espérance de la gloire. C'est Lui que nous annonçons, exhortant tout homme, et instruisant tout homme en toute sagesse, afin de présenter à Dieu tout homme, devenu parfait en Christ. » (Colossiens 1:26-29; Éphésiens 3:3, 5, 9).

Mais, dans ce même temps, aux jours des apôtres, le « mystère de l'iniquité » oeuvrait déjà. Et il continua jusqu'à obtenir le pouvoir et la suprématie mondiales, et même jusqu'à opprimer les saints du Très-Haut et changer les temps et la loi, en se dressant contre le Prince des princes, s'élevant lui-même contre le Chef de l'armée, se plaçant lui-même à la place de Dieu. C'est ainsi, que le mystère de Dieu fut caché, mais cette fois-ci pas en Dieu. Mais maintenant, aux jours de la voix du septième ange, précisément maintenant, « le mystère caché de tout temps et dans tous les âges, mais révélé maintenant à ses saints, à qui Dieu a voulu faire connaître quelle est la glorieuse richesse de ce mystère parmi les païens, savoir : Christ en vous, l'espérance de la gloire. C'est lui que nous annonçons, exhortant tout homme, et instruisant tout homme en toute sagesse, afin de présenter à Dieu tout homme, devenu parfait en Christ. »

Et ceci est en accord avec ce que Dieu « comme il l'a annoncé à ses serviteurs, les prophètes ». Ce n'est pas seulement le prophète de Patmos qui a dit que de nos jours, le mystère de Dieu s'achèverait, mais quand l'ange de Dieu fit cette proclamation dans la vision à Patmos, cela avait déjà été déclaré aux prophètes d'autrefois. À Patmos, il dit simplement que cela arriverait sans plus de délai. Voici la proclamation de l'ange dans Apocalypse 10:5 à 7. « Et l'ange, que je voyais debout sur la mer et sur la terre, leva sa main droite vers le ciel, et jura par celui qui vit aux siècles des siècles, qui a créé le ciel et les choses qui y sont, la terre et les choses qui y sont, et la mer et les choses qui y sont, qu'il n'y aurait plus de temps, mais qu'aux jours de la voix du septième ange, quand il sonnerait de la trompette, le mystère de Dieu s'accomplirait, comme il l'a annoncé à ses serviteurs, les prophètes. »

Le prophète à qui ces choses furent pleinement révélées, c'est le prophète Daniel. Car non seulement Daniel vit l'essor de cette petite corne, sa propre exaltation contre « le Chef de l'armée », se tenir contre « le Chef des chefs » et jeter à terre Sa vérité et Son sanctuaire et les fouler; mais dans cette même vision, il vit la vérité et le sanctuaire du Christ délivrés du pouvoir de cette petite corne, sauvés de ses piétinements blasphématoires, élevés de la terre, et exaltés jusqu'au ciel, où ils demeurent. Et c'est précisément lors de cette dernière partie de la vision que les êtres célestes semblent montrer le plus grand intérêt, car Daniel dit: « j'entendis parler un saint; et un autre saint dit à celui qui parlait : Pendant combien de temps s'accomplira la vision sur le sacrifice perpétuel et sur le péché dévastateur? Jusques à quand le sanctuaire et l'armée seront-ils foulés ? Et il me dit : Deux mille trois cents soirs et matins; puis le sanctuaire sera purifié. » (Daniel 8:13, 14).

Alors, il fut commandé à l'ange Gabriel de faire comprendre à Daniel la vision. Il commença à le faire, mais quand dans son explication il arriva au grand nombre de jours de cette vision, les choses surprenantes et terribles révélées dans la vision accablèrent le prophète. Et il dit: « Moi, Daniel, je fus plusieurs jours languissant et malade; puis je me levai, et je m'occupai des affaires du roi. J'étais étonné de la vision, et personne n'en eut connaissance. » (Daniel 8:27) Toute la partie qui avait été expliquée, fut aisément comprise, car il fut clairement montré que le bélier représentait les rois des Mèdes et des Perses et le terrible bouc le roi de Grèce; et à la vue des explications données aux 2e et 7e chapitres de Daniel, la description du grand pouvoir qui succéderait à la Grèce devenait évidente, au fur et à mesure que l'ange avançait dans son explication. Mais, justement au milieu du commentaire de la partie la plus importante de la vision, Daniel fut plusieurs jours languissant et malade, et ainsi la portion la plus importante de la vision resta inexpliquée et personne ne la comprit.

Cependant, le prophète chercha diligemment une explication de la vision. Et après la destruction de Babylone, la première année du roi des Mèdes et des Perses, l'ange Gabriel vint encore auprès de Daniel et lui dit: « Daniel, je suis venu maintenant pour ouvrir ton intelligence ». (Daniel 9:1-22). Et c'était la partie restée inexpliquée que l'ange vint révéler à Daniel. En conséquence, il dirigea l'attention de Daniel sur cette vision, car il dit : « Lorsque tu as commencé à prier, la parole est sortie, et je viens pour te l'annoncer, car tu es un bien-aimé. Sois attentif à la parole, et comprends la vision. » (verset 23). Ayant ainsi dirigé l'attention du prophète sur la vision, l'ange commença immédiatement à discuter du temps mentionné dans cette vision : précisément la partie qui était restée sans explication à cause de la maladie de Daniel. Il lui dit: « Soixante-dix semaines ont été fixées sur ton peuple et sur ta ville sainte." (verset 24).

« Fixé » signifie « limité », « restreint à l'intérieur des bornes », marquant et fixant les limites. En expliquant la vision, la première fois, l'ange en était resté à la question du temps : « des temps éloignés » de Daniel 8:26, les « 2300 jours de la vision ». Maintenant, attirant l'attention de Daniel sur la vision, il commence immédiatement à faire référence à ces jours, en expliquant les événements qui sont en relation avec eux. « Soixante-dix semaines », c'est-à-dire 490 jours sont limités et fixés pour les Juifs et Jérusalem; ceci marque également la limitation des Juifs en tant que nation et peuple particuliers de Dieu. Ce sont des jours prophétiques, qui équivalent à une année. Ainsi, les 70 semaines sont 490 ans et les 2300 jours représentent 2300 ans. Ainsi, le commencement des 490 années est le même que celui des 2300 ans.

Le récit des « soixante-dix semaines » ou 490 ans est donnée par l'ange comme suit: « Sache-le donc, et comprends! Depuis le moment où la parole a annoncé que Jérusalem serait rebâtie jusqu'à l'Oint, au Conducteur, il y a sept semaines; dans soixante-deux semaines, les places et les fossés seront rétablis, mais en des jours fâcheux. Après les soixante-deux semaines, un oint sera retranché, et il n'aura pas de successeur. Le peuple d'un chef qui viendra détruira la ville et le sanctuaire, et sa fin arrivera comme par une inondation; il est arrêté que les dévastations dureront jusqu'au terme de la guerre. Et il fera une solide alliance avec plusieurs pendant une semaine, et durant la moitié de la semaine, il fera cesser le sacrifice et l'offrande; le dévastateur commettra les choses les plus abominables, jusqu'à ce que la ruine et ce qui a été résolu fondent sur le dévastateur. » (Daniel 9:25-27).

Le décret de restauration et de réédification de Jérusalem eut lieu en 457 avant J.-C., et il est rapporté dans le chapitre 7 d'Esdras. Il fut émis depuis Babylone, et il fut d'abord adressé à Esdras, afin de lui donner les pleins pouvoirs pour quitter Babylone et prendre avec lui les personnes et les matériaux nécessaires à la restauration de Jérusalem, afin que Dieu puisse y être adoré, et postérieurement, « à tous les trésoriers de l'autre côté du fleuve » Euphrate, dans le but de pourvoir à tout ce qu'Esdras aurait besoin pour faire avancer l'ouvrage. Quand Esdras arriva à Jérusalem c'était le cinquième mois de l'année, aussi la restauration devait avoir débuté vers l'automne de l'année 457 av. J.-C., ce qui nous conduit à 456 ½ comme date de départ des 490 ans, et des 2300 ans.

À partir de là, 483 ans conduiraient à « l'Oint, au conducteur », ce qui nous amène à l'an 26 ¾ de l'ère chrétienne, c'est-à-dire en l'an 27 ap. J.-C., qui est précisément l'année où Christ fit sont apparition comme Messie, dans son ministère public, en étant baptisé dans le Jourdain, et oint par le Saint-Esprit (Marc 1:9-11; Matthieu 3:13-17). Ensuite, le Messie fera « une solide alliance ... pendant une semaine », soit, la dernière des soixante-dix semaines. Mais « durant la moitié de la semaine il fera cesser le sacrifice et l'offrande » par son propre sacrifice sur la croix. Le milieu de la semaine, correspond donc à trois ans et demi après l'automne de l'an 27. Ce qui nous conduit au printemps 31, c'est-à-dire au moment précis ou le Sauveur fut crucifié, et ainsi par le sacrifice de lui-même, -- le seul valable pour le péché -- il fit cesser pour toujours le sacrifice et l'offrande. À cette occasion, « le voile du temple [terrestre] se déchira en deux, depuis le haut jusqu'en bas », indiquant que le service de Dieu dans ce tabernacle terrestre était terminé et cette maison serait laissée déserte.

Il restait encore la seconde moitié de la soixante-dixième semaine, dans la limite de temps accordé à Jérusalem et au peuple Juif pendant lequel il bénéficierait d'une faveur spéciale. Cette demi semaine commença au printemps 31 et s'acheva à l'automne de l'an 34 après J.-C. À ce moment-là, « ceux qui avaient été dispersés par la persécution survenue à l'occasion d'Étienne allèrent jusqu'en Phénicie, dans l'île de Chypre, et à Antioche, annonçant la parole seulement aux Juifs. » « Ceux qui avaient été dispersés allaient de lieu en lieu, annonçant la bonne nouvelle de la Parole. » (Actes 11:19; 8:4). Mais quand ce temps expira, et que les Juifs confirmèrent eux-mêmes leur rejet du Messie et de son Évangile, alors leur décision fut respectée, et sous la conduite de Pierre et de Paul, les portes s'ouvrirent complètement aux Gentils, à qui appartient la portion restante des 2300 ans.

Après les 490 années réservées au peuple de Dieu, il reste encore 1810 années données aux Gentils 2300-490=1810). Cette période des 1810 ans commençant, comme nous l'avons vu, à automne 34 de notre ère s'étend donc jusqu'à l'automne 1844, ce qui marque la fin de la période des 2300 jours-années. Et à ce moment-là, la Parole de Celui qui ne peut pas se tromper dit dans Daniel 8:14 : « Alors, le sanctuaire sera purifié ». 1844 fut aussi les « jours de la voix du 7e ange », quand « le mystère de Dieu s'accomplirait, comme il l'a annoncé à ses serviteurs, les prophètes. »

Dans ce temps disparaîtra l'horreur des ténèbres épaisses avec lesquelles le mystère de l'iniquité avait caché d'âge en âge le mystère de Dieu. C'est alors que le sanctuaire et le véritable tabernacle, et leur vérité, s'élèveraient de la terre, où la petite corne avait cherché à les piétiner, pour être exaltés jusqu'au ciel, lieu qui leur appartient. De là, ils brilleront de telle manière que toute la terre sera éclairée de leur gloire. Dans ce temps, la vérité transcendantale du sacerdoce et du ministère de Jésus sera sauvée de l'oubli dans lequel l'abomination et la désolation l'avait plongé, et se tiendra, une fois pour toutes et pour toujours à sa vraie place céleste, dans la foi de l'église, accomplissant en chaque vrai croyant cette perfection qui est le dessein éternel de Dieu en Jésus-Christ notre Seigneur.

Chapitre 15—La Purification Du Sanctuaire

La purification du sanctuaire et l'achèvement du mystère de Dieu se superposent dans le temps, et sont si étroitement liés qu'ils constituent une identité pratique en caractère et en résultat.

Dans le service typique du sanctuaire visible, la succession des services formait un cycle qui se complétait annuellement. Et la purification du sanctuaire était la consommation de ce service annuel figuratif. Cette purification du sanctuaire consistait en un nettoyage et élimination du sanctuaire « des impuretés des enfants d'Israël et de toutes les transgressions par lesquelles ils ont péché », qui, par le ministère sacerdotal, avaient été amenés dans le sanctuaire, durant toute l'année.

L'achèvement de cette oeuvre, du sanctuaire et pour le sanctuaire, était également une oeuvre pour le peuple, vu qu'en ce jour de la purification du sanctuaire, qui était le Jour des Expiations (ou de la réconciliation), celui qui ne participait pas au service de purification par un examen minutieux de lui-même, la confession et l'abandon du péché, était retranché du peuple pour toujours. Ainsi, la purification du sanctuaire affectait autant le peuple que le sanctuaire lui-même. Quiconque ne participait pas à la purification du sanctuaire, n'étant pas lui-même purifié comme le sanctuaire l'était, -- de toute iniquité, transgression et péché -- était retranché de son peuple pour toujours (Lévitique 16:15-19, 29-34; 23:27-32).

Et tout ceci était « une figure pour le temps actuel ». Ce sanctuaire, ce sacrifice, cette prêtrise, et ce ministère étaient le véritable symbole du sanctuaire, du sacrifice, de la prêtrise et du ministère exercé par Christ. Et cette purification du sanctuaire préfigurait celle qui aurait lieu dans le véritable sanctuaire, -- le tabernacle non construit de main d'homme, mais construit par le Seigneur qui épurerait les croyants en Jésus de tous leurs péchés et de toutes leurs transgressions. Et le moment où cette purification du véritable sanctuaire devait avoir lieu est indiqué par Celui qui ne peut se tromper : « 2300 soirs et matins, et le sanctuaire [le sanctuaire de Christ] sera purifié », en 1844 de notre ère. Le seul sanctuaire qui pouvait être purifié à cette date était le sanctuaire duquel Christ est le Souverain Sacrificateur, car il était le seul à pouvoir être purifié en 1844, puisqu'il n'en existait pas d'autre. Celui qui en était le symbole avait été détruit par l'armée romaine lors de la destruction de la ville (Daniel 9:26) et même son emplacement fut entièrement consumé. Donc, le seul sanctuaire qui pouvait être purifié au temps fixé par l'Auteur de la prophétie, à la fin des 2300 jours, était le sanctuaire de Christ, -- le sanctuaire duquel Christ est le Grand Prêtre et le Ministre; le sanctuaire et le véritable tabernacle duquel Christ, à la droite de Dieu, est le véritable Prêtre et Ministre; le sanctuaire et le « véritable tabernacle, qui a été dressé par le Seigneur et non par un homme ».

La signification de cette purification est clairement énoncée dans le passage de Daniel 9:24 à 28. Car l'ange de Dieu, en annonçant cette prophétie à Daniel et en expliquant les 2300 jours avait pour but de révéler le dessein de Dieu concernant les Juifs et les Gentils. « Soixante-dix semaines ont été fixées sur ton peuple et sur ta ville sainte, pour faire cesser les transgressions et mettre fin aux péchés, pour expier l'iniquité et amener la justice éternelle, pour sceller la vision et le prophète, pour oindre le Saint des saints. » (Daniel 9:24).

Tel est le vrai dessein de Dieu dans le sanctuaire et ses services en tous temps : que ce soit pour la figure comme pour le véritable, pour le terrestre comme pour le céleste, pour les Juifs comme pour les Gentils. Soixante-dix semaines ou 490 années était le temps concédé aux Juifs pour que ce s'accomplisse par eux et en eux. Afin de l'atteindre, Christ vint en personne vers ce peuple, parmi les peuples, pour lui montrer le Chemin et les y conduire. Mais ils ne le reçurent pas. Au lieu de voir en lui l'Être miséricordieux qui mettrait fin à la transgression et au péché, qui ferait la réconciliation et amènerait une justice éternelle à chaque âme, ils virent en lui « Béelzébul, prince des démons ». Il fut le seul à la place duquel ils choisirent avec empressement un meurtrier, le seul qu'ils répudièrent comme Roi au vu et au su de tous lui préférant un empereur romain; le seul qu'ils considérèrent n'être bon qu'à la crucifixion et à l'exclusion du monde. Pour un tel peuple et parmi peuple tel que celui-ci, pouvait-il faire cesser les transgressions et mettre fin aux péchés, expier l'iniquité et amener la justice éternelle? Impossible : impossible à cause de leur rébellion obstinée. Au lieu de lui permettre d'effectuer une oeuvre si miséricordieuse et merveilleuse en leur faveur, dans la profondeur de Sa peine et de Sa douleur divines, Il Se vit poussé à S'exclamer :

« Jérusalem, Jérusalem, qui tues les prophètes et qui lapides ceux qui te sont envoyés, combien de fois ai-je voulu rassembler tes enfants comme une poule rassemble ses poussins sous ses ailes, et vous ne l'avez pas voulu! Voici, votre maison vous sera laissée déserte, car je vous le dis, vous ne me verrez plus désormais jusqu'à ce que vous disiez : "Béni soit celui qui vient au nom du Seigneur!" » (Matthieu 23:37, 38; 21:43).

Après le rejet des Juifs, le royaume de Dieu a été donné aux Gentils. Et tout ce qui aurait dû être fait par les Juifs pendant les 490 ans de grâce qui leur furent accordés mais qu'ils ne voulurent pas réaliser, fut ensuite accordé de la même manière aux Gentils au cours des 1810 années qui leur étaient réservées. La tâche était de « faire cesser les transgressions et mettre fin aux péchés, pour expier l'iniquité et amener la justice éternelle, pour sceller la vision et le prophète, pour oindre le Saint des saints ». Tout ceci ne peut être fait que dans l'achèvement du mystère de Dieu, la purification du vrai sanctuaire chrétien. Cet achèvement de la transgression amènera le perfectionnement des croyants en Jésus, mais aussi la destruction des méchants et la purification de l'univers de toutes les souillures du péché.

L'achèvement du mystère de Dieu, c'est aussi l'achèvement de l'oeuvre de l'Évangile. Et cette tâche est premièrement l'enlèvement de tout vestige de péché et la venue de la justice éternelle, c'est-à-dire Christ pleinement formé dans chaque croyant, Dieu seul manifesté dans la chair de chaque croyant en Christ. Deuxièmement, la fin de l'oeuvre de l'Évangile signifie précisément la destruction de tous ceux qui n'ont pas reçu l'Évangile (2 Thessaloniciens 1:7-10), car il n'est pas dans la pensée du Seigneur de perpétuer la vie à des hommes dont l'unique fin serait d'accumuler plus de misère sur eux-mêmes.

Nous avons vu que dans le sanctuaire terrestre, quand l'oeuvre de l'Évangile était achevée au bénéfice de ceux qui y avaient pris part, tous ceux qui n'y avaient pas participés étaient retranchés. C'était « une figure pour le temps présent », car lorsque l'oeuvre de l'Évangile sera achevée, ceux qui n'auront pas voulu y prendre part seront retranchés. Donc, l'achèvement du mystère de Dieu représente la fin du péché dans les deux cas.

Dans le service du sanctuaire terrestre nous voyons aussi que pour que la purification ait lieu, le cycle de l'oeuvre évangélique étant ainsi complet, il devait d'abord trouver son accomplissement dans tous ceux qui prenaient part à ce service. Tout ce processus, c'est-à-dire, mettre fin au péché, faire la réconciliation, introduire la justice éternelle ne pouvait se réaliser tant que tout ceci n'était pas accompli pour chaque personne participant au service. Le sanctuaire lui-même ne pouvait être purifié tant que chaque fidèle ne l'était pas lui-même. Le sanctuaire ne pouvait pas être purifié tant qu'on continuait à y introduire un torrent d'iniquités, de transgressions et de péchés, par le moyen de la confession du peuple et l'intercession des sacrificateurs. La purification du sanctuaire en tant que telle, consistait en l'éradication et l'expulsion du sanctuaire de toutes les transgressions du peuple qui par le ministère des sacrificateurs y avaient été introduits par le service annuel. Et ce torrent doit tarir à sa source, dans le coeur et la vie des fidèles, avant que le sanctuaire lui-même puisse être purifié.

En accord avec ce qui précède, la première tâche, lors de la purification du sanctuaire, consistait en la purification du peuple. Ce qui était indispensable et essentiel à la purification du sanctuaire, pour mettre fin au péché, pour expier l'iniquité, amener la justice éternelle, était de mettre un terme au péché, à l'iniquité et apporter la justice éternelle dans le coeur et la vie de chacun parmi le peuple. Quand le torrent qui s'écoulait dans le sanctuaire était arrêté à sa source, alors et alors seulement, le sanctuaire lui-même pouvait être purifié des péchés et des transgressions du peuple, qui y avaient été introduits par l'intercession des prêtres.

Et tout cela était « une figure pour le temps actuel », une « imitation du véritable ». En conséquence, Dieu nous a clairement enseignés, que le ministère de notre grand Souverain Sacrificateur dans la purification du véritable sanctuaire doit être précédée de la purification du chacun des croyants, de la purification de tous ceux qui participent au service du vrai Souverain Sacrificateur dans le véritable sanctuaire. Il est indispensable que la prévarication et le péché s'achèvent, que l'iniquité soit extirpée et que la justice éternelle soit amenée dans l'expérience de chaque croyant en Jésus, afin que la purification du vrai sanctuaire céleste puisse avoir lieu.

Tel est le véritable objet du vrai sacerdoce et du vrai sanctuaire. Les sacrifices, le sacerdoce et le ministère dans le sanctuaire terrestre qui n'étaient rien d'autres qu'une simple « figure pour le temps actuel », ne pouvaient pas vraiment rendre parfaits ceux qui y participaient. Mais le sacrifice, le sacerdoce et le ministère de Christ dans le véritable sanctuaire, ôte le péché pour toujours, rend parfaits ceux qui y prennent part, et « amène à la perfection pour toujours tous ceux qui sont sanctifiés ».

Chapitre 16—Les Temps De Rafraîchissement

Maintenant, en cette période de la cosommation de l'espérance de tous les âges, à cette époque de la purification du sanctuaire et de l'achèvement du mandat évangélique et du mystère de Dieu, maintenant c'est le moment, moment comme il n'y en a jamais eu, où les fidèles croyants en Jésus sont les bénéficiaires de Son glorieux sacerdoce et de Sa merveilleuse intercession dans le véritable sanctuaire, participant pleinement à la grâce céleste de façon que dans leur vie, la prévarication s'achève, le péché prenne fin et l'iniquité soit expiée pour toujours, et qu'ils reçoivent dans la perfection de la vérité la justice éternelle.

C'est précisément le but précis du sacerdoce et du ministère de Christ dans le vrai sanctuaire. Ce sacerdoce n'est-il pas suffisant? Son ministère n'est-il pas assez efficace pour atteindre son but? Si, certainement. Cela ne pouvait se réaliser d'aucune autre manière. Aucun être humain ne peut, de lui-même, mettre fin au péché, réaliser la réconciliation pour les iniquités ou apporter la justice éternelle dans sa propre vie. Pour qu'une telle chose s'accomplisse, il fallait seulement et obligatoirement que cette oeuvre soit faite par le ministère de Celui qui s'est donné lui-même, et qui s'est livré pour que ceci puisse s'accomplir pour chaque âme et qu'elle puisse être présentée à Dieu « sans tache et irrépréhensible ».

Tous ceux dont le coeur est incliné vers la vérité et la droiture désireront voir cela se réaliser. Seul le sacerdoce et le ministère de Christ peuvent le faite, et c'est maintenant le temps de réaliser pleinement et définitivement ce grand but. Aussi, croyons en Celui qui est en train de l'accomplir et ayons confiance en Sa capacité de la mener à bien et pour toujours.

C'est le moment et c'est l'oeuvre à propos desquels il est écrit : « il n'y aura plus de temps. » Et pourquoi devrait-il y avoir du retard? Si le sacerdoce de notre grand Souverain Sacrificateur est efficace, son sacrifice et son ministère sont pleinement suffisants, en rapport avec ce qui a été promis, ce que tout croyant attend, pourquoi la fin de la prévarication et du péché, la réconciliation et la justice éternelle devraient-elles être retardées? Alors croyons que Christ fera ce pourquoi Il s'est donné lui-même et que Lui seul peut réaliser. Faisons Lui confiance pour ce qu'Il peut faire et recevons la plénitude de ce qui appartient à chacun par la foi. Mettons notre confiance en l'Apôtre Souverain Sacrificateur de notre profession : Jésus-Christ.

Nous avons vu que la petite corne -- l'homme de péché, le mystère d'iniquité -- a mis en place son propre sacerdoce terrestre, humain et pécheur, à la place du véritable. Selon ce service et sacerdoce du mystère d'iniquité, le pécheur confesse ses péchés au prêtre et continue de pécher. Il est certain qu'il n'y a dans ce sacerdoce aucun pouvoir de faire autrement que de continuer à pécher, même après avoir confessé ses péchés. Mais, bien qu'il soit triste de le remarquer, n'est-il pas vrai que ceux qui n'appartiennent pas au mystère de l'iniquité, mais croient en Jésus et en son sacerdoce, aboutissent finalement au même résultat et continuent à pécher, après avoir confessé leurs péchés?

Ceci est-il juste envers notre grand Souverain Sacrificateur, son sacrifice et son ministère béni? Est-ce équitable que nous le mettions, lui, son sacrifice et son sacerdoce, au même niveau que « l'abomination de la désolation » que nous disions virtuellement qu'il n'y a pas plus de pouvoir en lui que dans le mystère de l'iniquité? Puisse le Seigneur préserver Son peuple et Son Église ainsi que chacun de nous, sans plus de retard, de faire descendre si bas notre Souverain Sacrificateur qui s'est donné dans un sacrifice si complet et accomplit maintenant un ministère si glorieux!

Ayons une réelle et inébranlable confiance dans notre Grand Souverain Sacrificateur. Il nous arrive d'entendre les protestants manifester de la surprise envers les catholiques pour leur confiance aveugle en un prêtre. Cette remarque est juste en ce qui concerne le sacerdoce terrestre. Cependant la foi inconditionnelle dans le prêtre est tout à fait fondée, s'il s'agit du vrai prêtre. La foi en un faux sacerdoce est ruineuse à l'extrême mais le principe de la confiance inébranlable dans le Grand Prêtre est éternellement correcte. Christ est le seul véritable Sacrificateur. Aussi, quiconque croit en Jésus, en son sacrifice, dans le sacerdoce qu'Il exerce maintenant dans le vrai sanctuaire, doit non seulement confesser ses péchés, mais il doit aussi avoir une foi absolue dans le vrai Souverain sacrificateur, dans Son ministère dans le vrai sanctuaire pour mettre un terme à la prévarication (transgression), mettre fin au péché, faire la réconciliation pour l'iniquité et amener la justice éternelle dans son coeur et sa vie

Une justice éternelle et non pas une justice pour aujourd'hui ou demain. Si cette justice n'est valable que jusqu'au prochain péché alors, elle n'est pas éternelle. Celle-ci doit être introduite dans le coeur et la vie et ne plus en sortir et ceci pour quiconque confesse ses péchés, croit et reçoit cette justice à la place de ses péchés. C'est la seule justice éternelle, la seule vraie rédemption du péché. Et cette ineffable bénédiction est le don gratuit de Christ par Son ministère dans le sanctuaire céleste.

Souvenez-vous de la justice éternelle. Il ne s'agit de la justice aujourd'hui et du péché pour demain, de la justice encore une fois et à nouveau du péché. Ceci n'est pas la justice éternelle. La justice éternelle est amenée, et demeure constamment dans la vie de celui qui a cru et qui s'est confessé, et qui continue à croire et à recevoir cette justice éternelle à la place du péché. Voilà en quoi consiste la justice éternelle, la rédemption éternelle du péché. Et cette bénédiction inénarrable est le don gratuit de Dieu accordé par le moyen du ministère céleste qu'il a établi pour notre bénéfice.

Ainsi donc, aujourd'hui et plus que jamais auparavant, la Parole de Dieu s'adresse à chacun en ces termes : « Repentez-vous donc et convertissez-vous afin que vos péchés soient effacés, afin que des temps de rafraîchissement viennent de la part du Seigneur et qu'il envoie, celui qui vous a été destiné, Jésus-Christ, que le ciel doit recevoir jusqu'au temps de rétablissement de toutes choses, dont Dieu a parlé anciennement par la bouche de ses saints prophètes. » (Actes 3:19-21).

Le temps du retour du Seigneur et la restitution de toutes choses sont vraiment très près, à la porte. Et quand Jésus viendra, ce sera pour prendre son peuple avec lui, « afin de faire paraître devant lui cette Église glorieuse, sans tache, ni ride, ni rien de semblable, mais sainte et irrépréhensible ». Il se verra parfaitement reflété dans tous ses saints.

Il faut avant qu'Il vienne, que son peuple soit dans cette condition. Avant qu'Il vienne, nous devons avoir été amenés à cet état de perfection, l'image complète de Jésus (Éphésiens 4:7, 8, 11-13). Et cet état de perfection, ce développement dans tout croyant de la fidèle image de Jésus, est l'achèvement du mystère de Dieu, qui est Christ en vous l'espérance de la gloire. Cette consommation trouve son accomplissement dans la purification du sanctuaire qui est l'achèvement du mystère de Dieu, la fin du péché et de la transgression, la réconciliation pour l'iniquité et la justice éternelle, le scellement de la vision et de la prophétie, et l'onction du Saint des saints.

Le temps présent étant le temps de la venue de Jésus et du rétablissement de toutes choses et d'autre part, cette dernière perfection des saints devant nécessairement précéder l'arrivée du Seigneur, chaque évidence nous montre que nous sommes maintenant près des temps de rafraîchissement, près de la pluie de l'arrière-saison. Nous sommes donc aussi dans le temps de l'effacement de tous les péchés. La purification du sanctuaire consiste précisément en l'effacement des péchés : c'est en terminer avec la transgression dans nos vies; c'est mettre un terme à tout péché dans notre caractère, par la venue de la justice même de Dieu par la foi en Jésus, pour que seule elle demeure pour toujours.

Cet effacement des péchés doit précéder la réception du rafraîchissement de la dernière pluie, la pluie de l'arrière-saison, puisque c'est seulement sur ceux qui ont la bénédiction d'Abraham que la promesse de l'Esprit arrive; et c'est seulement sur ceux qui sont rachetés du péché que repose la bénédiction d'Abraham (Galates 3:13, 14). Ainsi donc, maintenant, comme jamais auparavant, nous devons nous repentir et nous convertir, pour que nos péchés soient effacés et qu'ils soient définitivement et complètement éradiqués de nos vies, et que la justice éternelle puisse nos être donnée, et ceci, afin que la plénitude de l'Esprit soit nôtre dans ce temps de rafraîchissement de la pluie de l'arrière saison. Et tout ceci doit être fait afin que le message de l'Évangile du royaume, qui produit la maturation de la moisson, soit prêché au monde entier avec cette puissance d'en haut qui illuminera la terre entière de la gloire de Dieu.

Conclusion

Christ, le Seigneur, le Fils de Dieu, descendit du ciel et se fit chair, et il habita entre les hommes comme Fils de l'homme.

Il mourut sur la croix du Calvaire pour nos offenses.

Il ressuscita des morts pour notre justification.

Il monta au ciel comme notre Avocat, et en tant que tel il s'assit à la droite du trône de Dieu.

Il est Prêtre sur le trône de son Père; il est prêtre pour toujours, selon l'ordre de Melchisédek.

À la droite de Dieu, sur Son trône, comme prêtre sur son trône, Christ est « ministre du sanctuaire et du véritable tabernacle, qui a été dressé par le Seigneur et non par un homme ».

Et il reviendra une autre fois sur les nuées des cieux, avec puissance et une grande gloire, pour prendre son peuple avec lui, pour paraître devant lui cette Église glorieuse, et pour juger le monde.

Les déclarations antérieures constituent les principes éternels de la foi chrétienne.

Pour que la foi soit véritable et complète, il faut que la vie de Christ dans la chair, Sa mort sur la croix, Sa résurrection, Son ascension et Sa situation à la droite du trône de Dieu dans les cieux soient des principes éternels dans la foi de tout chrétien.

Le fait que ce même Jésus soit sacrificateur à la droite de Dieu sur Son trône, doit également être un principe éternel dans la foi de tout chrétien, pour qu'elle soit une foi complète et réelle.

Que Christ, le Fils de Dieu, comme sacrificateur à la droite du trône de Dieu soit « ministre du sanctuaire et du véritable tabernacle, qui a été dressé par le Seigneur et non par un homme » sera aussi un principe éternel de la foi mature et complète de tout chrétien.

Et cette véritable foi en Christ le Fils de Dieu comme authentique prêtre de ce vrai ministère et du vrai sanctuaire, à la droite de la Majesté dans les cieux; cette foi dans le fait que son sacerdoce et ministère mettent un terme à la transgression et aux péchés, accomplissent la réconciliation pour l'iniquité et apporte la justice; cette foi rendra parfait tous ceux qui s'en remettent à lui. Il les préparera à recevoir le sceau de Dieu, et l'onction finale du Saint des saints.

Par cette véritable foi, tout croyant de cette vraie foi peut avoir la certitude qu'en lui et dans sa vie la transgression s'achève et les péchés prennent fin, la réconciliation est faite pour toute iniquité de sa vie et la justice éternelle vient régner dans sa vie pour toujours. Il peut être absolument sûr de cela, puisque la Parole de Dieu l'affirme, et la vraie foi vient de ce que l'on entend de la Parole de Dieu.

Tous ceux qui appartiennent à cette vraie foi peuvent être sûrs de tout ce qui précède, comme Christ est à la droite du trône de Dieu. Ils peuvent le savoir avec la même certitude qu'ils peuvent savoir que Christ est sacrificateur sur ce trône; avec la même assurance qu'Il est là « ministre du sanctuaire et du véritable tabernacle, qui a été dressé par le Seigneur et non par un homme »; avec la même confiance que toute déclaration de la Parole de Dieu mérite, vue qu'elle l'affirme de façon irréfutable.

Aussi, à cette époque, que tout croyant en Christ se lève dans la force de cette véritable foi, en croyant sans réserve dans le mérite de notre grand Souverain Sacrificateur, dans Son saint ministère et Son intercession en notre faveur.

Que tout croyant en Jésus exhale un grand soupir de soulagement, en reconnaissance à Dieu pour l'accomplissement de cette espérance : que la transgression dans votre vie soit achevée, pour que vous en ayez fini pour toujours avec l'iniquité; que les péchés de votre vie soient terminés, et que vous en soyez libéré à jamais; que la réconciliation pour l'iniquité soit faite, et que vous en soyez purifié pour l'éternité par le sang de l'aspersion; que la justice éternelle soit apportée dans votre vie, pour régner pour toujours, pour vous soutenir, vous guider et vous sauver dans la plénitude de la rédemption éternelle qui, par le sang de Christ, est donnée à tout croyant en Jésus, notre grand Souverain Sacrificateur et véritable Intercesseur.

Alors, dans la justice, la paix et la puissance de cette véritable foi, que celui qui les comprend répande partout les glorieuses bonnes nouvelles du sacerdoce de Christ, de la purification du sanctuaire, de la consommation du mystère de Dieu, de la venue du temps de rafraîchissement et la prompt venue du Seigneur « pour être, en ce jour-là, glorifié dans ses saints et admiré dans tous ceux qui auront cru », et « afin de faire paraître devant lui cette Église glorieuse, sans tache, ni ride, ni rien de semblable, mais sainte et irrépréhensible ».

« Le point capital de ce qui vient d'être dit, c'est que nous avons un tel souverain sacrificateur, qui s'est assis à la droite du trône de la majesté divine dans les cieux, comme ministre du sanctuaire et du véritable tabernacle, qui a été dressé par le Seigneur et non par un homme. »

« Ainsi donc, frères, puisque nous avons, au moyen du sang de jésus, une libre entrée dans le sanctuaire par la route nouvelle et vivante qu'il a inaugurée pour nous au travers du voile, c'est-à-dire, de sa chair, et puisque nous avons un souverain sacrificateur établi sur la maison de dieu, approchons-nous avec un coeur sincère, dans la plénitude de la foi, les coeurs purifiés d'une mauvaise conscience, et le corps lavé d'une eau pure. » et « retenons fermement la profession de notre espérance, car celui qui a fait la promesse est fidèle. »

Livres sur 1888 en Préparation

1. L'alliance éternelle, Ellet J. Waggoner.
2. L'Évangile dans le livre de Galates, Ellet J. Waggoner.
3. La Bonne Nouvelle dans l'épître aux Galates, Ellet J. Waggoner.
4. Lettres aux Romains, Ellet J. Waggoner.
5. Notre Bonne Nouvelle quotidienne, Ellet J. Waggoner.
6. Vivre par la foi, Ellet J. Waggoner.
7. Autres Écrits, Ellet J. Waggoner.
8. Christ et sa Justice, Ellet J. Waggoner.
9. L'esprit de la papauté, Alonzo T. Jones.
10. La foi vivante, Alonzo T. Jones.
11. Le message du troisième ange (1893), Alonzo T. Jones.
12. Le message du troisième ange (1895), Alonzo T. Jones.
13. Leçons de foi, Alonzo T. Jones.
14. Autres Écrits, Alonzo T. Jones.
15. 1888 Ré-examiné, Robert Wieland.
16. 1888 : Un bref aperçu de l'histoire et du contenu du message, Robert Wieland.
17. « Aie du zèle et repens-toi », Robert Wieland.
18. Comment dire la Bonne Nouvelle à quelqu'un, Robert Wieland.
19. Éclairée de sa Gloire, Robert Wieland.
20. En quête du trésor de la Foi, Robert Wieland.
21. Galates pour un monde moderne, Robert Wieland.
22. Graines de Vie, Robert Wieland.
23. Je suis confus !, Robert Wieland.
24. Jésus-Christ interpelle encore Laodicée, Robert Wieland.
25. L'Évangile dans l'Apocalypse, Robert Wieland.
26. L'Évangile dans le livre de Daniel, Robert Wieland.
27. La Bonne Nouvelle est meilleure que vous ne le pensez, Robert Wieland.
28. La dame qui répondit « Oui » à Dieu, Robert Wieland.
29. La grâce mise à l'épreuve, Robert Wieland.
30. La prière inversée, Robert Wieland.
31. La repentance corporative de l'Église, Robert Wieland.
32. Le chaînon brisé, Robert Wieland.
33. Le message de 1888, de quoi s'agit-il ?, Robert Wieland.
34. Le mot qui tourna le monde à l'envers, Robert Wieland.
35. Puissance de la Bonne Nouvelle, Robert Wieland.
36. Trois points de vue sur la justification par la foi, Robert Wieland.
37. Un exposé du message de 1888, Robert Wieland.
38. Un mariage sans espoir, Robert Wieland.
39. Un nouveau regard sur la Loi de Dieu, Robert Wieland.
40. Autres Écrits, Robert Wieland.

Pour les commandes de boîtes, il y a une réduction **(40%)** sur le prix Amazon. Vous pouvez nous contacter à l'adresse suivante :

lsdistribution07@gmail.com

www.ingramcontent.com/pod-product-compliance
Lightning Source LLC
Chambersburg PA
CBHW080900010526
44118CB00015B/2213